トマス・ペイン

国際派革命知識人の生涯

マーク・フィルプ著
田中浩・梅田百合香訳

未來社

Originally published in English by Oxford University Press
under the title *Paine* © Mark Philp 1989

はじめに

トマス・ペインは、国と国とにまたがって〔国際的に〕活躍した世界最初の革命家である。一八世紀最後の四半世紀間に、はじめはアメリカ、次にはイングランドとフランスで、ペインは国王・貴族たちの統治を弾劾し、そうした統治を代表民主制に変えるために戦った。かれはもともとは熟練工で、世襲制によって助長されるペテンや汚職や非人道的な不平等をとことん嫌った、典型的な民主主義者であった。またかれは、ふつうの人であれば、男女を問わずだれであれ、自由と安全を保持する術を知れば、それによってみずからを統治できる、という確固たる信念をもっていた。かれは特段に独創的な政治哲学者というわけではなかったが、同時代をみるかれの社会分析は鋭く、また新秩序のためのかれの処方箋はしばしば人の心を鼓舞した。

ペインはたんなる政治理論家ではない。かれの強みは、自分の著作を、政治・社会を根底からくつがえす実践的な武器に変えるという能力にあった。そこでこうしたかれの仕事を説明するにさいし、わたくしは、ペインがその理論的諸原理と、それらの原理を読者に伝えるためにかれがまとめあげた修辞的技法との関係を考えるうえで必要なことがらを示そうと思う。〔こんにちでは〕映画スター〔レーガン〕が大統領になり、広告代理店が、その支配下におく「スター」的政治家たちの地位を守ろうとするような時代であるから、政治的なムードをとらえ、それに一定の形を与え、表現するというやり方で、多数の聴衆に伝達する個人的能力について、われわれはとかく見落としがちである。しかし、現代マスメディアが発展する一世紀半もまえに、ペインはこのことをなしえたのである。ペインの著作は、読み物としては『聖書』・『祈禱書』・『天路歴程』しか読んでいなかった人びとを、政治思想に耳を傾ける聴衆へと変えた。この聴衆を政治討論の場へと導くことによって、ペインは当時の貴族政的あるいは寡頭政的秩序の正統性に真っ向から異議申し立てをした。こうした理由から、かれは近代民主主義の発展に大きな役割を果たしたと主張しても誤りではないであろう――もっとも現在の状況を知ればかれはひどく驚くであろうが。

したがって、アメリカ革命とフランス革命が二百年記念を迎え、また〔現在の〕イングランドにおける民主社会の興隆をみるとき、ペインの仕事をあらためて注目しなおすことには十分な根拠があるように思える。本書は、こうした〔近代民主主義の発展という〕テーマの入門書であるという点でこのシリーズの他の研究書と同じものだが、同時に、本書では、ペインの政治理論と修辞的技法について、これまでに出版された大半のペイン研究よりもさらに十全な説明をくわえている（この点については、ペインのアメリカ関係の諸著作は、とくにエリック・フォナーとA・O・オールドリッジによって、きわめてすぐれた研究がなされている）。また、ペインの宗教的諸著作に真剣に注視し、それらが政治的諸著作とどのように緊密に関連しあっているかを示そうとしている研究もある。とはいえ、本書は、ペイン自身の著作のすべてにわたって論じたものではない。わたくしのねらいは、これまでペインの本を読んだことのない人びとでも、かれの本を読みたいと感じるようになり、またすでにペインを読んだことのある人びとであっても、もういちど読み返そうという気になるような本を書くことである。また、わたくしは、こうしたふたつのタイプの読者が、本書を読んでペインの著作に新たに敬意を払うようになり、それによって現代民主主義社会の諸制度やその実際面のもつ意味を考えるようになっていただけるものと信じている。

目次

はじめに　1
略記法について　8

第1章　生涯と人物　15
旧世界における忘れ去りたい過去　一七三七年―一七七四年　15
アメリカとペイン　一七七四年―一七八七年　18　ヨーロッパとペイン　29　新しいアメリカ　48
その人物像について　49

第2章　アメリカ　53
旧体制　53　新しい共和国　60　自由と公共善　68　コモン・センス　73
商業、富および財産　78　理性の力　84

第3章　ヨーロッパ　92
『人間の権利』第一部　92　諸原理　94　主張の威力　107　市民権への招待　111
『人間の権利』第二部　113　代議制民主主義　119　革命の大義　126　革命的暴力　133

人民の福祉　135
第4章　神の王国　148
信仰の根拠　148　真の啓示　157　続『理性の時代』について　162　理神論と道徳　171
第5章　結論　178
自然権の根拠　178　人間像について　185　貢献度　188
文献案内　192
解説　近・現代思想の架橋者トマス・ペイン
——自然権・自然法思想と福祉国家観との接合　198
年表　230
索引　巻末

本書はオクスフォード大学出版局の〝パスト・マスターズ〟（Past Masters）シリーズの一冊として刊行された。

［凡例］

・原文中のイタリックは傍点で、書名をあらわすイタリックは『　』で示した。

・訳者が挿入した字句は〔　〕で、著者による補足は［　］で示した。

・巻末の年表と索引は訳者が作成した。年表の作成にあたっては、小松春雄著『評伝トマス・ペイン』（中央大学出版部、一九八六年）を参考にさせていただいた。

略記法について

ペインの著作については、フィリップ・S・フォナー編集の『トマス・ペインの伝記および主要著作集』全二巻（*Life and Major Writings of Thomas Paine*, ed. Philip S. Foner, 2 vols., Secaucus, N. J.: The Citadel Press, 1948）を参照した。第一巻の作品からの参照はI、第二巻からの参照はIIと表記する。

AA　A. O. Aldridge, *Man of Reason: the Life of Thomas Paine* (London: Cresset, 1960).

AC　Alfred Cobban, *The Debate on the French Revolution 1789-1800* (first published, London: Kaye, 1950, 2nd ed., London: Adam & Charles Black, 1960).

AG　Albert Goodwin, *The Friends of Liberty: the English Democratic Movement in the Age of the French Revolution* (London: Hutchinson, 1979).

EB　Edmund Burke, *Reflections on the Revolution in France, and on the Proceedings in Certain Societies in London Relative to that Event*, ed. Cornor Cruise O'Brien (Harmondsworth,

Penguin, 1969).

LS Leslie Stephen, *History of English Thought in the Eighteenth Century*, Volume 1 (first pubished, London: Smith, Elder, 1876, reprinted, New York: Harcourt, Brace & World, 1962).

MB Marilyn Butler, *Burke, Paine, Godwin and the Revolution Controversy* (Cambridge: Cambridge University Press, 1984).

MC Moncur D. Conway, *The Life of Thomas Paine*, edited by H. D. Bonner, Centenary Commemoration Issue, 1809-1909 (London: Watts & Co., 1909).

PT Thomas Paine, "My private thoughts on a future state," in *The Age of Reason*, ed. J. M. Robertson (London: Watts & Co., 1910).

RW Raymond Williams, *Culture and Society 1780-1950* (Harmondsworth: Penguin, 1963).

ST *State Trials*, Volume 22, ed. T. B. Howell (London: Longman, 1812-20).

なお、引用文における強調はすべて原文にしたがっている。

わたくしの〔学問の旅の〕道連れ、サラ、リズ、ファニー、ジョン、ジョー、そしてフローレンスに本書を捧げる。

謝辞

わたくしの初期の草稿について御意見をいただいたマーティン・フィッツパトリック氏、イアン・ハンプシャーモンク氏、アラン・ライアン氏、セーラ・ターヴィ氏、デイヴィッド・ホイットリー氏およびジーン・ヴァン・アルテナ氏に感謝いたします。バーニー・バッキー氏にはポール・フォスターの『トム・ペイン』をお貸しいただいた。ここにお礼を申します。また、忍耐強くお待ちいただいたオクスフォード出版局のヘンリー・ハーディ氏、トマス・ウェブスター氏およびキャサリン・クラーク氏の皆さんにも感謝いたします。

トマス・ペイン——国際派革命知識人の生涯

第1章　生涯と人物

旧世界における忘れ去りたい過去　一七三七年―一七七四年

トマス・ペインは、一七三七年一月二九日、ノーフォーク州のセットフォードという町で生まれた。父親はコルセット職人で、母親は地方弁護士の娘であった。かの女は結婚したとき三七歳で、夫より一一歳年長であった。夫婦の宗派はまったく対照的であった。母親は敬虔な国教徒であり、父親はクェーカーであった。かれらは二人の子供をもうけたが、妹は幼くして亡くなった。ペインは地元の中学校に通っていたが、一三歳のとき父のもとで働くために学校をやめた。十代後半のとき、船乗りにあこがれて家を飛びだし、私掠船〔戦時敵船攻撃捕獲の免許を与えた武装民有船〕乗組員としてしばらくのあいだ働いた。その後、コルセット作りの仕事を引き継いで、二二歳のときに結婚し、独立して商売をはじめた。だが一年もたたないうちに妻が亡くなり、商売にも失敗した。そのあとすぐに収税吏の仕事につくが、一七六五年に、当時慣行となっていた「スタンピング」――業者が在庫としてもっている課税商品の数を〔書類上でのみ処理して〕じっさいには検査をしないこと——のかどで解雇された。それでもとのコルセット製造業にもどらざるをえなくなり、また、あれこれ仕事を変えたり、英語の教師をしたりしていた。一年後には、収税吏への復職を願いでて、これがうまくいき、ついに、サセックス州のルイス〔東サセックスの州都〕にポストをえた。一七七一年、ペインは再婚し、収税吏の仕事とタバコ販売の経営を同時におこなうようになった。ルイスでは、地方政治団体に積極的に参加した。当時のある人の記述によると、ペインの政治観はホイッグ党〔一七世紀および一八世紀初頭に王権と国教に対立し議会主義を主張した政党。この党員たちはピューリタン革命期には頭髪を短く刈り、ラウンドヘッズ（円頂党員）と称していた。一九世紀初頭に自由党となった〕のそれであったようだ。翌年、かれは収税吏の賃金引上げ請願運動の代表となった。一七七二年から七三年にかけての冬はほとんど、ロンドンでの賃上げ闘争を推進するためにすごし、かれらの要求を支持するパンフレットを書き、印刷して配布した（ただし出版はされなかった）。しかし、請願は失敗に終わっただけでなく、かれの不在のあいだに商売のほうも借金を背負い、またかれはその賃上げ運動によって雇用者側から反感を買った。一七七四年、倒産による負債で拘留されるのを避けるためにルイスを去らなければならなくなっていたころ、雇用者側は、この機会をとらえて、職務怠慢のかどでかれを解雇した。店舗と家財が競売にかけられ、その直後に離婚ということになった。そこでペインはロンドンにもどり、一七七二年から七三年にかけてのロンドン滞在中に知り合ったベンジャミン・フランクリンから推薦状をもらい、新世界〔アメリカ〕行きの船に乗り込んだ。かれは旧世界〔イングランド〕にとことん嫌気がさしていたにちがいない。

ペインがアメリカに移住したのは三七歳のときであった。そして二年もたたないうちに、一八〇九年に亡くなるまで続行した、世界を股にかけた国際的革命家への道を歩みだすことになった。人生の後半において、アメリカ革命では主要な役割を果たし、イングランドでは法外放逐《アウト・ロー》〔法律上の恩恵と保護を奪われた者〕処分を受け、一七九三年から九四年にかけてフランスの政権を掌握した革命政府〔ジャコバン党〕の恐怖政治の時代には、すんでのところで処刑されるところであった。

ところで、以上に述べてきたようなペインの半生を説明しようとして、多くの伝記作家たちはペインの生涯の前半部分に注目し、素性も知れないコルセット職人から転職して収税吏となった一人の男を当代随一の革命宣伝者に変えた要素とはなにか、をたしかめようとやっきになっている。しかしながら、史的事実はそれについてはほとんどなにも語ってはくれないし、ペインも初期の時代の不明の諸点についてはそれらを明らかにすることをけっしてのぞんではいない。そうしたペインの態度はまるで、新世界における再生のために、旧世界における自分の過去を積極的に切り捨てようとしているかのようである。その気持ちは十分にわかる。かれの過去は牢獄とたいして変わらないものだったから、かれはそこから逃げだすチャンスをまちのぞんでいたにちがいない。新世界は好機の地、とくに生活を新しくやりなおす絶好の地であった。人はそんなにも急激に自己変革ができるのだろうか、と疑問に思う人もいるかもしれないが、人びとが革命に参加するにさいしての闘争心の触媒効果はけっして過小評価してはならない。他の多くの革命家たちの場合と同じく、ペインがその実現に尽力した革命もまた、かれの自己実現を助けたのである。

アメリカとペイン　一七七四年―一七八七年

ペインは一七七四年一〇月にイングランドを発ち、一一月末にアメリカに到着した。フランクリンの紹介状によって、「身に余る有利な条件で、複数の名士の子息たちの家庭教師」として雇われることになった。さらに、ペインは次のように述べている。「このあたりで印刷書籍販売業を営むロバート・エイトキンという人が、最近、雑誌を発行したが、なかなか思うようにいかなかったので、わたくしに手伝ってくれるよう頼んできた。最初かれを手伝ったときには、購読者はわずか六〇〇人そこそこであったが、いまでは一五〇〇人以上になり、日々増加している」(II. 1131)。こうしてペインは『ペンシルヴァニア・マガジン』の編集者として雇われたが、同時に作家としての腕もみがいていった。奴隷制、夫婦間の不和、インドのイングランド人、決闘、貴族階級、および武力によって自己防衛する植民地の人たちの権利についてなど、すぐれて人道的な立場から数多くの記事を書いた。これらについて、フィリップ・フォナーは、「もしもこのほかになにも書かなかったとしても」、ペインは「アメリカ文学界の重要人物の一人として記憶されるであろう」（I. xii）と述べているが、それほどのものとまではいいがたいにせよ、こうした記事によって、ペインはフィラデルフィアの文学サークルや哲学サークルへの参加を認められるようになり、その文学的技量を高めた。これらが部分的には、『コモン・センス』の準備作業となったことはまちがいない。

アメリカにやってきた最初の年は、ペインは、アメリカの急進派指導者たちの政治的風潮に賛同していたようである。かれらの不満の種は、一七六五年の印紙法など植民地に直接税を課そうという企てや、本国議会は「いかなる場合であれ」アメリカ植民地を拘束できるすべての立法権を有するという一七六六年の「宣言法」〔既存の法律を確認した法律〕にあった。〔もっとも〕急進派は、これらの法は議会と内閣の陰謀によるものとみなし、それらが国王の支持をえているとは信じなかった。しかし、そのような政策を阻止したり、また議会の頭を越えて直接に国王に正義を訴えたりするといった急進派の二元的な戦略は、イングランド本国において議会の権威をますます強く主張する方向へと導いたにすぎなかった。一七六〇年代は危機の連続で、植民地の抵抗ははじめは〔本国の〕譲歩をひきだしたものの、すぐに本国の〔植民地〕支配を確保するための新たな取り組みに屈することになった。ペインがアメリカに着いたのは、紛争の比較的末期になってからであった。一二の植民地が一七七四年の九月と一〇月に大陸会議〔一七七四―八一、アメリカの独立推進のための最高機関。七六年に「独立宣言」を発布。八一年に連合会議に代わった〕を開いたが、和解のための新しい試みはかれの到着後まもなく破綻した。一七七五年四月にレキシントンとコンコードでイングランド本国軍とアメリカ民兵が衝突すると、事態は急速に悪化した。一七七五年五月に開かれた第二次大陸会議は別の懐柔策を試みた。が、これもケベック地方での武力衝突〔アメリカ植民地軍はイングランド本国の植民地であるカナダへの遠征を試み、モントリオールを一時期占領するがケベック攻略には失敗する〕へと激化させる結果となって失敗に終わり、大陸会議は、その後一二月には本国議会への忠誠を拒否した。とはいえ、植民地人たちは自分たちを直接統治する本国議会の権利は拒否したが、ジョージ三世の主権にたいしては公然と異議を唱える者はいなかった。分離は要求するが、国家の首長としてのイングランド国王を保持することはのぞんでいた。こうした最後の段階になってさえも、ほとんどの植民地人たちは独立や共和政体〔の設立〕を公然と支持しようとはしなかったのである。

ペインは一七七五年の秋に『コモン・センス』を執筆し、一七七六年の一月一〇日に出版した。たとえそれが独立や共和政体を公然と論じた最初のパンフレットではなかったとしても、これが公けの討論の最前線に、これらの議論を最初にもち込んだことはたしかであった。このような結果をえたのはひとつにはタイミングであり、もうひとつはペインの主張の的確さと自己の議論を支えるために展開した修辞的技法のすばらしさである。『コモン・センス』は成功した。なぜなら、ペインはその本のなかで、分離支持の人びとにたいし、アメリカの病理は〔イングランドの〕議会ではなく君主政に起因しているということ、および、君主政府が必要かどうかをさほど疑いもしないで受けいれていることが植民地人たちをイングランド本国へ結びつけるのにもっとも重要かつ堅固な忠誠心をつくりだしているということを説明するのに成功したからである。したがって、はっきりとした分離を主張したかれは、植民地人は共和政体を採用し「冷酷で陰険なイングランドの暴君」の支配を「永遠に」（I. 25）拒否する以外に選択肢はないと結論づけざるをえなかったのである。

しかし『コモン・センス』が成功したのにはもうひとつ理由がある。すなわちこの本の〔本国〕批判が一般読者に受けいれられたからである。およそ一五万部が売れ（II. 1163）、ペインにもっとも敵対的な伝記作家の一人であるチータム〔一七七二―一八一〇〕でさえ、次のように認めている。「植民地人たちがうすうす感じてはいたが、これまで考えもしなかったことを〔ここでは〕述べているので、『コモン・センス』の人気は、出版史上例のないほどの空前のものであり、祖国にたいしてひどく恐ろしい結果をもたらした」（C27）と。

ペインがのちに書いているように、かれがアメリカに足を踏み入れるやいなや「わが身に災いが起こった」（II. 1151, 1227）。『コモン・センス』はその災いを燃えあがらせ、かれに革命家としての道を生涯歩ませることになる。一七七六年七月四日、ペインは、みずからの希望が独立宣言においてむくわれたのをみた。そして、このあとすぐにペンシルヴァニアの遊撃旅団に入隊した。

ペインは、ハドソン河畔のフォート・リーがイングランド軍に陥落させられたとき、グリーン将軍〔一七四二―八六〕の副官であった。そしてニューアークへと続く長くけわしい道のりを敗走し、そこからブランズウィックまで撤退した。軍隊のモラルはこの悲惨な事態の転回によってひどく悪化した。ワシントン〔一七三二―九九〕は大陸会議にたいし、兵士はこのうえなく疲弊しており、冬期対策も不十分であると警告した。またワシントンは、ほかの者に「勝敗の帰趨はもはやはっきりしている」との恐怖心を打ち明けている。装備は不十分で意気沮喪し、イングランド軍の進出を食いとめることはできないようにみえたので、大陸軍は遠からず大敗するであろうと思われていた。意気消沈は伝染する。ペインがフィラデルフィアをおとずれたとき、かれがみたものは嘆きふさぎ込んでいる人びとや、「話すことも考える気にさえなれず、あらゆる出版物はとまり、恐怖心とデマが飛び交っているだけである」といった状態であった。これにショックを受けたペインは、夜になって「執筆にとりかかり、愛国心の情熱を燃焼させて『〔アメリカの〕危機』第一号を書いた」(II. 1164)。この論文は、一二月一九日付の『ペンシルヴァニア・ジャーナル』紙に掲載され、伝えられているところでは、ワシントンはトレントンの戦場へと臨む出陣のことばとして全軍の兵士たちにたいし、クリスマスの夜にはこれを読むようにと命じたという。その最初のことばはペインの著作のなかでももっともよく引用されるくだりである。

「いまこそ人間の魂が試されるときである。夏場しか戦ったことのない兵士や好天気のときにだけ戦った愛国者では、この〔つらい冬の時期の〕危機に直面すると、祖国への奉仕の心もたじろいでしまうだろう。しかし、いまこのときにひるまぬ者こそが、男女を問わずだれからも愛され感謝されるに値する者たちである。暴政は地獄と同じく容易には打ち破ることはできない。しかし戦いが困難であればあるほど、勝利はより光り輝いた慰めをわれわれに与えるのである」(I. 50)。

『危機』第一号は格別に力強い作品である。ペインは愛国者として戦いに献身する気持ちで書いているからである。それゆえ、フォート・リーからの進軍の様子や撤退事件の鮮やかな叙述は、より抒情詩的な文章をふくみながらも、作品全体に高い信頼性と力強さを与えている。

またこのパンフレットによって、ペインははじめて役人としての仕事に就くことになった。最初は、ペンシルヴァニアのインディアンとの条約を締結するために設けられた大陸会議の委員会の書記職であった。一七七七年の四月にはこんどは外務委員会書記に任命された。そしてかれは、一七七九年はじめのサイラス・ディーン〔一七三七—八九、独立戦争の援助金を得るためにフランクリン、アーサー・リーとともにフランスに派遣された〕事件で辞職するまでこの職にあった。

ディーン事件の核心は、フランス政府が、一七七八年の同盟前に、ボーマルシェ〔一七三二—九九、アメリカ独立軍の武器購入計画を援助〕の仲介をとおしておこなった供与は贈与なのか貸与なのかという問題であった。ディーンは貸与だと主張し、取引の報酬代として手数料五パーセントを請求した。ペインは、パリに派遣されたもう一人のアメリカ側委員である友人のアーサー・リー〔一七四〇—九二、アメリカの外交官〕を支持して、供与は贈与であるから、ディーンはアメリカ政府にたいして詐欺行為を企てている、と主張した。またペインは、ディーンだけでなく他の委員たちもそれぞれの公職から利益をえているとみていた。しかしこの問題のとりあつかいは慎重を要した。なぜなら、もしも米仏間のこうした取引が公表されてしまえば、フランス側が同盟を撤回するおそれがあったからである。新共和国の利益を守るというペインの熱意にはいささかも疑いはないが、〔政治的〕駆け引きにかれが長けていたとはとうていいいがたい。それは、ペインが、職務よりえた機密を敵対者〔ディーン〕の信用をおとしめるために民衆誌〔『危機』〕にもらしたからである。大陸会議は、この件についてかれを正式には糾弾しなかったが、ペインは非難され、すぐさま辞職した。しかしながら、かれはあきらめるどころかかえって新聞紙上で論争を続行し、これによってさらにフランス公使をも狼狽させることになる。そのうえ、まるで自分だけが祖国をおびやかしている腐敗を解決できるかのように書き、いまや辞職して自由の身になっていたので、その文章はますます辛辣かつ執拗なものになっていった。かれは『コモン・センス』や『危機』では成功していたけれども、ディーン事件で起こった、きわめて複雑な内紛を処理する能力のほうはまったく身につけていなかったようである。

敵対者たちはかれの失脚をおおいに喜び、この事件であらわになったかれの性格の弱点を利用した。しかし、かれらは少しやりすぎたふしがある。なぜならディーンは、一七八二年三月、イングランド寄りのプロパガンダを書いて報酬をもらっていたことが明るみになって信用を失い、国外追放の身となったからである。他方で、ペインはこの教訓から学び、次にこのような論争が起こったさいの攻撃では、よりたしかな技量――たとえば、『公共善』という著作――をみせていたからである。

もっとも、ペインが公職からはずされた期間はそれほど長いあいだではなかった。かれは、不当利得を調査するペンシルヴァニア州のいくつかの市委員会に務め、また州議会の書記にも選ばれた。この地位にいたために、かれは一七八〇年五月、軍隊への補給物資の援助を求めるワシントンの訴えを代読することができた。

「みなさんは、われわれの窮状がどのようなものかと想像なさったとしても、現実にはとうてい思いおよばないと断言できます。兵士の忍耐はしばしば限界に達し、いまや、かれらは完全につかれ果ててきております。さらに、軍内部のどの部隊においても、反乱や暴動がいつ起こってもおかしくないきわめてゆゆしい兆候がみられます」(MC64)。

ペインは、富裕な実業界にこの大義を支援するよう訴えるとともに、自分の給料から五〇〇ドルを献金して、それを大商人のマクレナガンに送りワシントンの訴えに応えている。かれはまた『危機』第九号を書き、そのなかで大陸軍(ただし自分がその創設にたずさわっていることについてはふれなかった)を支援する基金の設立を告知した。このことは、ペインが精一杯、目下の窮状をなんとかするために、あらゆる階級を結集し、かれと、より裕福な実業家たちとのあいだに存在した(かなりの)意見のちがいの溝を埋めようとしていたことを示している。

一七七九年の九月末までに、北部での戦争(イングランド軍はまだニューヨーク州を押さえていたが）は事実上休戦になり、軍事行動の重要な拠点はカロライナ州に移っていた。一七八一年一〇月のヨークタウンの陥落と約八〇〇〇人のイングランド軍の降伏によって、ノース卿〔一七三二―一七九二〕政権は崩壊した。講和が確実となり、細々した問題を解決するのに二年以上もかかったが戦争は事実上終結した。

革命への献身のほかには、ペインは金銭的なやりとりにはまったく無関心であった。そのため自分の著作収入をほとんどあるいはまったく取得しようとしなかったので、ある時期、生活のために事務員として働かざるをえなくなった。独立戦争が終わる頃、かれはワシントンに、これまでの自分の奉仕にたいする報酬を申し入れた。ワシントンは、ロバート・モリスと図って、連合会議の手が足りない場合にはかれに書記の仕事を与えて――実際には、それはすでにやらせていたことであったが――報酬を支給するようにした。たしかに、連合会議は、必要な経費が生じればただちに課税してそれを補う権利を有する、というのがペインの主張であったとすれば、自分は「フェデラリスト側の筆頭にあげられてしかるべき」（II. 913）として、自分の報酬を要求したのもわかる話である。かれはまた、『レナル師〔一七一三―九六、フランスの歴史家、哲学者、イエズス会士で、王政、教会の位階制、奴隷制を批判〕への手紙』によって、フランスの大義にたいする貢献を認められ、フランス公使リゼルンからなにがしかの報奨金を受けとった。そしてインディアナ商会からは、『公共善』を書いた貢献にたいする謝礼として土地が寄贈された。これらの謝礼によって、ペインは手当ての支払われる作家となったが、どの場合にもそこには利益と信念のあいだの矛盾はまったくなかった。なぜならペインは、疑いもなく自分自身の大義つまり公共善を一貫してもち続けたと主張できたであろうし、またかれが、当時自分の信念に反対することを書いてきたとはとうてい考えられないからである。

独立戦争後、かれはようやく自分の将来の問題について考えるようになった。収入も貯えもなく、独立の大義のために自分の利益をなんども犠牲にしてきた。かれはワシントンに手紙を書き、もし自分のこれまでの奉仕がなんらかの形でむくわれないのであれば、ヨーロッパへもどって、そこで生計をたてるほかに選択肢がないと告げた。当初ワシントンはなにもしなかったため、ペインは、顔の利く友人たちにたいしさまざまな政府当局者に自分の利益になるような説明をして欲しいという手紙を書いた。そして、そのやり方はしだいにしつこさを増し、恨みがましい調子を帯びていった。かれが、祖国のために重要な役割を果たしてきたという主張はまちがいないが、諸州や連合会議がだした報酬はあまりにも小額であったので、かれが憤慨したのは無理もない。しかし、かれは、あまりにも多数の敵をつくってしまったので、独立戦争後の、保守主義者が多数を占める州議会や連合会議がかれに報酬を出さなかったのだと思われる。だがペインがさらに働きかけを続けたので、友人たちは、ついに連合会議を説得し、未支払い分の給料として三〇〇〇ドルが支払われることになった。そしてニューヨーク州は、かれに（ある王党派から没収した）ニューロシェルの邸宅と土地を贈呈し、ペンシルヴァニア州はわずかながら五〇〇ドルを支給した。これによって、ペインは裕福とまではいかないにしろ、快適な生活が送れるようになり、公的生活から引退して、もっぱら農良仕事や友人たちとの交遊や科学的関心事に多くの時間をそそげるようになった。この頃、政治論争の脇道へそれた唯一の例は、『政府、銀行、紙幣について』〔一七八六年二月〕という著作を書いたときだけである。ここでかれは一七八〇年に、かれもその創設に助力した銀行を擁護し、正貨の保証のない紙幣の発行は拒否するという銀行側の主張を支持した。

ペインは一七八七年の四月までアメリカにいたが、その間、かれは無煙蠟燭の製作その他さまざまなもくろみにとり組んでいた。しかし、なかでももっとも印象的な業績は、橋脚のない四〇〇フィート〔約一二〇メートル〕の一本の鉄橋を設計したことである。これは、はじめペンシルヴァニア州のスクィルキル川に架けることが意図されていた。橋脚をもつ橋にくらべて、ペインの鉄橋のすぐれた長所は、春になってとける叢氷〔浮氷が集まった氷塊〕が橋脚に当たって川の流れをふさぐ危険がないというところにあった。橋脚のない一本の橋という考えかたはペインがはじめてではないが、そのような橋を鉄橋として建設することを思いついた人はかれのほかにはほとんどいなかった。そのうえ、ペインは橋桁として、十字模様のクモの巣型を採用したが、これはまったく新しい発想であった。だがかれはまたもや、ペンシルヴァニア州議会を説得することができなかった。州議会の審議はだらだらと続き、ペインはだんだん我慢がならなくなってきた。結局かれは、一三フィート〔約四メートル〕の鉄橋の模型をヨーロッパにもっていき、そこで建設融資がえられるかどうかを聞きにいくことにした。また母からの便りが帰郷の決心を固めさせる要因となった。ふたたびフランクリンが紹介状を書いたが、今回はフランス科学界のメンバーに向けてであった。これを武器に、ペインは帰化した祖国にしばしの別れを告げる。しかし、かれの予測とはまったく裏腹に、かれがふたたびアメリカの地を踏むのは一五年以上も先のことであった。

ヨーロッパとペイン

ヨーロッパ滞在中にペインは、そのとき九〇歳であった母をおとずれ、母のためにわずかばかりの年金をもらえるようにとりはからった。鉄橋建設計画は、イングランドでもフランスでも関心はもたれたが、資金援助のめどがつかなかった。だが、ペインはついにイングランドで出資者をみつけ、かれの設計した鉄橋のひとつのモデルとして、長さ九〇フィート〔約二七メートル〕、幅二四フィート〔約七メートル〕の橋がパディントンの野原で組み立てられた。この橋を見に多くの見物客がおとずれ、多大の賞賛を浴びた。そしてペインの設計と同種の橋が同じ鋳物工場で鋳造され、かれの前助手のひとりが監督となって、ついにダーラム州のウィア川に作られた。しかしペインは、ほかの計画と同様、この事業からもなんの収益も受けとることができず、それればかりかおそらくかなりの負債を負ったであろうことはまちがいない。

一方で、かれは、パンフレット作者としての仕事を再開した。『ルビコン川〔イタリア中部、アペニン山脈に発源し、アドリア海に注ぐ川。古代ローマ時代、イタリアと属州ガリア・キサルピナとの境をなした。前四九年ポンペイウスとの対抗を決意したカエサルは、「賽を投げよ」といい、元老院令を犯してこれを渡った〕における展望』〔一七八七年一〇月〕を書き、両国それぞれの国力を比較して、イングランドにたいしてフランスとの開戦をいましめている。分析は主として金銀の保有量を国富の主要な指標とし、もはや時代遅れの重商主義に依拠していたが、しかしそれよりもこんにちの読者たちを当惑させるのは多分ペインがフランス君主政をすすんで支持している点であろう。『ルビコン川における展望』や書簡において、ペインは、フランスやイングランドにたいし、共和政体を導入するようすすめることをひかえている。かれは、『展望』のなかで、国家とは、庶民と国王からなるひとつの連合体であり、両者の利益は完全に調和しているという当時のフランスで一般的であった見解を支持している。一七八九年二月のジェファースン宛の手紙で、ペインはフランスにおける（国王と人民による）「国内的同盟関係」について言及している。かれは、これをフランス国政における新しい時代の到来ないしは先がけとみなしていた。「かれらはいまや正当な道を歩みはじめました、いや、歩みはじめつつあります。現在のフランス治世は、先行するいかなる時代よりもフランスを不朽のものとするでありましょう」（II. 1280）。『展望』をみると、ペインは、革命や共和政体がどの国にも適合すると考えていたわけではないように思える。しかしこの解釈では、他の諸著作、とりわけ君主政は本質的に非合法的な制度であると主張しているアメリカ〔革命〕にかんする著作とは一致しがたい。（だがわれわれは、フランスでは、かれのアメリカにかんする著作のうちの急進的な共和主義的志向が切り取られて出版されていたことを心にとめておくべきである。その結果ペインは、フランスでは革命を支持する王党派とみられていたのである)。『展望』は、イングランドにたいしては〔フランスの〕侵略には費用がかかるという警告をして、フランスに資するようにしたものとして読むのが正解であろう。さらにペインは、フランスの政治的グループのうち、当時の正統的党派に寄付しているが、これは、自分の立場を表明したものというよりは用心のためか、またはほんのあいさつ代わりとみなすべきであろう。フランスを援助したいという気持ちは、アメリカはフランスに恩恵を受けたとペインが見ていたと考えれば理解できよう。しかし、ペインの当時のヨーロッパの大衆を見る眼にはきびしいものがあったということは述べておく必要があろう。「政府が人民に自由を賦与し、またこの目標にたいする熱望を示したとしても、このような賦与への期待は十中八九裏切られるであろう。……自由の欲求は、人民大衆からわきあがり、またはじまるものでなければならない。そしてこのような気持ちが、人民全体に広がったときこそが、国力と国の威信をたかめるためのきわめて効果的な団結をはかる最重要な時期であって、それなくしては団結はありえないのである」(II. 634)。

これは、かれがアメリカで書いた著作の立場、すなわちヨーロッパ人たちは共和政体を導入するには腐敗しすぎているので、国王と人民とのあいだのある種の同盟という形態がせいぜい最善の方策であろうという主張をよく示している。またこのように解釈することによって『展望』は、アメリカこそが共和政体を導入するのにふさわしい唯一の国であると主張するそれまでの著作から、さらに普遍的で進歩的な共和主義をとなえる『人間の権利』とのあいだをつなぐ移行的作品であるとみなすことができよう。

ペインは、一七八七年六月にフランスをおとずれ、また一七八八年二月と三月にも再訪している。そしてイングランドにいたときにはパリのジェファースンと書簡をやりとりし、かれらが住んでいる国ぐにの〔改革と変革の〕進展ぐあいについて情報を交換し合っていた。当初ペインは、イングランドでホイッグ党の指導者たちから歓迎された。なぜならかれらは、フランスやアメリカの国内事情についてのペインの情報を利用できると考えたからである。しかしペインは、イングランドと新世界とのあいだの和解を実現するための援助を求めるかれらの申し入れにはこたえなかったので、両者の関係はしだいに冷えていった。むしろ驚くのは、ペインがバークと親しくつき合っていたということである。かれらのあいだではイデオロギーのちがいはさほど障害にならなかったようで、バークはペインのことを「偉大なアメリカ人」といい、ペインもまたバークにおせじを言っている。リチャード・プライスやジョセフ・プリーストリが、バークの立場は日ましに自分たちとくいちがってきているとペインに警告していたにもかかわらずにである。

かれは一七八九年から九〇年にかけての冬の時期にパリにもどった。そしてワシントンに手紙を書き、フランス革命において積極的な役割を果たしたいと思っている――「ふたつの革命へのかかわりはうまくいっております」（AA125）——と述べている。〔もっとも〕かれがフランスでなにをしたのかはあまり明らかではない。なぜなら、かれはフランス語が話せなかったので、そのことがフランス革命への参加のための足かせとなったことはまちがいないだろうからである。しかしかれは、ラファイエット侯のグループと親しくなったことで、当時の革命の中心人物たちとも接近できた。イングランドへの帰国直前に、ラファイエット侯はペインに、バスティーユ牢獄の鍵をワシントンに渡すようにと託した。ペインはこれを、アメリカ革命の諸原理こそがアンシャン・レジーム〔旧体制〕の没落をもたらしたということの証《あかし》であると受けとめた。フランス滞在中に、ペインはバークに革命の進行状況を書いた手紙を送り、かれに革命がいかに有益なことであるかを説得しようとし、また暴動のうわさによってイングランドで生じているさまざまな〔革命にたいする〕疑念を鎮静してもらうことをバークに期待した。しかし当時の多くの人びとと同じく、ペインもまた一七九〇年二月の軍事予算にかんするバークの演説を聞いてショックを受けた。バークはそこで、フランスにおける事件と一六八八年の名誉革命との類似性をきっぱりと否定し、フランス人のことを「これまで世界で存在したなかでもっとも有能な廃墟造りの達人である」と非難して、「現在のフランスの騒乱」という伝染病について警告を発している。一週間後、バークはペインにたいしてフランスにかんする自分の攻撃が正当であることを公開状によって示すことを宣言した。ペインはこれについて次のように伝えている。「バークの攻撃は、フランスではほとんど学ばれることがなく、また理解されることの少ない言語〔英語〕で書かれており、それに翻訳ではすべてのことを理解することは難しいから、わたくしはフランス革命にかかわっている友人たちにたいして、バーク氏のパンフレットがフランスに入ってきたらいつでもそれについて答えようと約束した」(I. 245)。しかしペインは、〔バークについての解説を〕人から強く求められる必要がなかった。なぜなら、もともとかれは、すでにフランスについての資料をかなりの時間をかけて収集しており、また政治の根本原則に立って母国イングランドに語りかけようと長いあいだ考えていたからである。バークのパンフレットは、結局一七九〇年の一一月に『フランス革命についての省察』として刊行された。このパンフレットは「フランス問題」として知られる議論の火つけ役となった。アルフレッド・コバンは、「おそらくこの本は、わが国〔イングランド〕の政治の根本原則をめぐる討論をまき起こした最後のものであった」(AC31) と述べている。これを契機として百冊以上のパンフレットが出版されたが、そのほとんどがバーク批判であった。多くはすぐに消え去ったが、なかには (ジェイムズ・マッキントッシュ〔一七六五―一八三二〕の『フランス擁護の訴え』〔一七九一年〕やウィリアム・ゴドウィン〔一七五六―一八三六〕の『政治的正義』〔一七九三年〕のような) 政治思想上重要な意義をもつものも生まれた。コバンは次のように主張する。「こんにち数多くの論点が議論されているが、それらは、フランス革命によって鼓舞された知的水準ほどの政治的議論を喚起したとはいいがたい」(AC31)。バークの意図とは正反対に、論争は疑いなく革命と改革というフランスの「騒乱」を〔イングランドに〕伝染させ、それは政治改革を求める議会の枠を超えた大衆運動を展開させる引き金となった。一七七〇年代から一七八〇年代のはじめにかけて、参政権改革を求めた憲法研究会のような共和主義的ないし民主主義的な政治論文の普及を目ざす諸団体〔の活動〕がロンドンや地方で再燃し、これらによってバークにたいする攻撃（とそれにともなうイングランドの既成の政治システムにたいする非難）が全国的に広がっていった。

ペインの『人間の権利』第一部と第二部は、さまざまなかれのパンフレットのなかでも最高の売行きをみせ、またきわめて急進的なものであった。この作品は、フランス革命を母国イングランドによく理解させるうえで大きな役割を果たした。研究者によれば最初の二年間で約一〇万部が売れたといわれているが、とりわけ社会のあらゆる階層にひろく読まれ、政治改革を求める裾野の広い大衆運動を刺激するのに役立ったといえる。そしてこの運動は下層階級をはじめて政治の舞台につれだし、それゆえに体制側にとってこれまでにないほどの脅威を与えることとなった。議会外活動は一七九二年から一七九五年のあいだにピークに達した。このときペインはフランスにいたが、まさにかれの著作がこうした運動を生みだすための基盤をととのえたといってもまちがいではない。

ペインは自分のパンフレットがでる直前にフランスへと出発し、ふたたび革命という政治運動に巻き込まれることになった。一七九一年六月における、国王一家のヴァレンヌへの逃亡、および〔かれらが〕パリへ強制送還されたのち、ペインはコンドルセ〔一七四三―一七九四〕やデュ・シャトレ〔一七五二―一七九三〕のほか二人（おそらくブリソ〔一七五四―一七九三〕をふくむ）と共和政協会を設立した。七月一日、共和政協会はデュ・シャトレが署名した共和政宣言をだし、パリの街中の壁（や国民議会のドア）に貼りつけた。そのなかでかれらは、国王と人民とのあいだの紐帯が破られたことを言明し君主政の放棄を宣言している。

「才能や経験のない人間でもやってのけることのできる職務、徳とか知恵がなくとも務めあげることのできる職務、先祖ゆずりの職務なるがゆえに、狂人、痴愚者、暴君の類いであっても継承することが当然とされる職務があるが、これらなどどうみたって非常識でありいくらそとめはよかろうがなんの役にも立つものではない」（II. 517）。

この点において、ペインの考えは同時代の大多数の人びとよりはかなり先にすすんでいたことはたしかである。事実、南フランスやコルドリエ・クラブから〔ペイン的な〕共和政の要求がだされたが、マラ〔一七四三―一七九三〕もロベスピエール〔一七五八―一七九四〕も共和政体を支持する心の準備はできていなかったし、せいぜいダントン〔一七五九―一七九四〕が摂政政治〔国王補佐政治〕を提案していたぐらいである。革命指導者たちの支持を欠き、また国王が逃亡したために「事実上の」共和政ができたものの、その共和政も国王と憲法制定国民議会とのあいだの妥協案に屈し、結果としては憲法がわずかに修正され、これにたいして保守派も少しの反応を示しただけであった。ペインはバスティーユ陥落の記念日を祝う「自由の友」という団体が開催した晩餐会に出席するため七月九日にロンドンへ向かっていたので、そうした情況にあるフランスにはいなかった。

イングランドにもどっているあいだ、ペインは議会改革運動をおこなっていた諸団体を支援したり、『人間の権利』第二部の執筆に精力を注いだ。そしてこの書物は一七九二年の二月に出版された。かれの明確なる共和政府の主張は急進的諸団体から幅広い支持をえることはできなかったが、かれのパンフレットのなかに盛り込まれた議会の腐敗にたいする果敢な攻撃、貧困者にたいするきわめて人道主義的な配慮にもとづく実践的な提案、ようやくその兆しがみえはじめた新時代に向けての千年王国論的な熱狂主義は、おどろくべきほどの数の読者を獲得し、大衆の不満の炎をさらにはげしく燃えあがらせた。ペインの諸著作の成功とこれに促進されて急進的な出版物がにわかに出まわったことや下層階級における政治的連合の拡大は、社会秩序に脅威を与えているとみなしたピット〔一七五九―一八〇六〕やその閣僚たちをしだいにいらだたせることになった。政府は五月に、『人間の権利』第二部はイングランドの政治制度にたいする文書誹毀罪にあたるとして、ペインの起訴に同意し、同時にかれの著書が出まわるのを抑えるために煽動的な書物の発行を禁止する旨の国王の布告をだした。しかし、イングランドの司法機関の対応はまことにゆっくりしていた。ペインは六月に裁判への召喚状を受けとったが、この訴訟は一一月まで延期されたのでペインの著述活動はそのまま続けられた。そのためかれは、当面政府側からの告訴を免れ、自分自身の出版する権利と公衆が本を読む権利を守るというふたつの大義名分を手中におさめていた。そこでかれは、法務長官と内務大臣あてに公開状を書き、そのなかで言論を抑圧する政府のくわだてを非難し、またなにを信じるべきかを人びとに命じようとする国王の布告を嘲笑している。しかし、かれのもっともすぐれた作品は、多くの人びとが『人間の権利』第三部とよんだ『最近の布告にかんする発信人にあてた手紙』である。そのなかでかれは、イングランドにおける現行の政治制度の正統性をきっぱりと否定し、イングランドに人民政府をつくるための国民会議の設立を求めていた。それは公然たる革命のよびかけに等しく、一七九三年末および一七九四年春に急進的諸団体が会議の招集を試みるさいの〔理論的〕根拠の形成に役立った。これらの運動によって憲法研究会やロンドン通信協会の指導者たちは投獄され、一七九四年末に大逆罪のかどで訴えられた。

一七九二年の夏に出したペインのパンフレットは、かれの無罪放免に益するようなものではなかったし、（裁判が延期されてからというものは）そもそも出廷する意図があったかどうかさえも疑わしい。かれは政府当局によって逮捕される直前までイングランド出国をひき延ばし、一七九二年の九月に出国した。たとえ裁判の結果に不満があったとしても、かれが九月末に法務長官に向けて書いた公開状は、有罪判決を当然の結論とする内容であったといえよう。「閣下、いまや私を起訴したり、国民の権利を軽視したりすることなどできないような深刻な事態が起こっています。ほんの一年ほどまえまでは、フランスにおいて〔その地位が〕安全だとされてきた人びと——訴追行為をする裁判官、陪審員あるいは法務長官——のうえに起こった恐ろしい事例が、いまやイングランドでもその可能性がでてきていることにつきまして、閣下のような地位にある方々が責任を負うべきであります」(II. 512)。

陪審員は、被告人側の弁護士の答弁にたいする法務長官の反対訴答をきいて退席し、あれこれ協議することもせずにペインを有罪とし法外放逐の刑を宣告した。そして、政府のあと押しで設立された王党派諸団体が煽動してペインの肖像や著書がイングランド中で焼かれた。

フランスでは、ペインは国民的ヒーローとして重要人物になっていた。コンウェーはやや興奮気味に、ランテナス訳の『人間の権利』とシャープ作のペインの彫刻がどの家庭にも置かれていたと述べている。一七九二年八月の王政崩壊後に、国民議会〔一七九一年一〇月に立法議会となる〕は多数の「フランスの友人たち」にフランス市民権を授与した。このなかには（アメリカ人であるワシントンやマディスンやハミルトンとともに）ペインもふくまれていた。そして続く国民公会の選挙においては、かれは四県からなる有権者会議によって議員に選出されている。かれはカレー地方の議員に選出され、九月一五日にフランスにもどり数々の儀式のあと「歓迎のキスにいささか疲れながら」(AA172)、国民公会の席についた。翌日、王政が廃止された。フランスはいまや共和国となった。

驚くべきことだが、ペインはフランスにもどることになんの不安ももっていなかったようである。フランス語を話せないこと、過去にラファイエット侯〔一七五七―一八三四〕と親交があったこと、かれが不在の数年間に起こったさまざまな諸事件によって自由になった複雑な社会的政治的諸勢力〔の変化〕についてなにも知らないことなどが原因で、かれはかえってなんらしりごみすることなくフランス問題に取り組んだ。したがって、前述のような難点があるにもかかわらず、新しい共和国の形成にすすんで尽力しようとするかれのやる気は、いささかずうずうしいことだといえるであろう。おそらくかれは、自身がイングランドのなかに生みだし、またそれを〔イングランド人と〕共有していると考える熱狂主義にとりつかれていたのであろう。また、最初はイングランド国王とその大臣たちによって、次にフランス人民からも払われた敬意に、ペインはやや浮かれていたのかもしれない。しかしわれわれは次のことを認識すべきである。すなわちペインは、革命を啓蒙への過程としてとらえていたために、フランスにおける諸事件の裏側で干満している社会的諸勢力の複雑な〔政治〕力学を的確にとらえていなかったということである。フランス滞在中に、かれの力がおよばないことが何度もあったことは明らかである。もとよりそれについては、かれの同時代のほとんどの人びとにも同じことがいえよう。フランス革命は激動の過程であって、その実際面にかんしても、また知的な面にかんしても、それをどうとらえるかは男女を問わず難問であった。

ペインは国民公会の憲法制定委員会において忠実に働き、国民公会にも真面目に出席した。にもかかわらずルイ一六世の裁判と判決についての討論がはじまるまでは思慮深く低姿勢をたもったままであった。ペインは国王を裁判にかける国民公会の権利を擁護したが、国王の生命は奪うべきではないと主張し、〔干渉〕戦争〔一七九二年に勃発した対オーストリア戦争〕が終わるまでは拘留して、その後アメリカへ国外追放するほうがよいということを提案した。かれは、ルイの助命問題を〔アメリカの〕国益の問題として、つまりルイに恩義をもち続けている合衆国はルイに敬意を表わすべきだという観点から論じていたのである。また原理的問題としては、制度上ではルイを滅ぼすことは必要でありかつ正しいが、人間個人としての国王ルイを殺すことは必要でもなくまた正しくもないと主張していた。そして死刑判決がくだされると、こんどは死刑執行延期という問題に議論が移っていった。ペインは『ルイ一六世は死刑執行を猶予されるべきか』を書き私見を述べ、国民公会の書記官バンカルがそれを通訳して朗読するときには、かれの横に並んで立っていた。マラは、最初はペインがクェーカーであることを理由にかれの投票権を否定し、次にテュリオ〔一七五三―一八二九〕とともに、かれの〔著書の〕翻訳は不正確だと主張し、最後にはクェーカーという経歴を理由にペインの発言権を否定し〔ペインのルイ擁護論を〕妨害した。

ペインによるルイの擁護は勇敢かつ原理的な行為であった。だが、これによってジャコバン派は、〔ペインにたいして〕消しがたい疑念をいだくようになった。かれの幸運は、このとき以後、衰退の一途をたどる。かれやコンドルセ〔一七四三―九四、ジロンド党員、ジャコバン政府に反対し、捕えられ自殺〕が、多大の時間を費やした憲法制定委員会は二月に国民公会に報告したが、モンターニュ派〔フランス革命期の、主として国民公会における革命的ブルジョワジーの党派で、最左翼に位置した〕の主張によって、なんども〔その決定が〕延期された。また憲法前文となる人権宣言の審議にさいしては、ロベスピエールは、神〔宇宙の主権者〕にたいする適切な敬意を欠いているといって痛烈に攻撃した。憲法草案の残りの部分は、ジャコバン派〔フランス革命当時の左派の政治団体で、とくにモンターニュ派のロベスピエールが率いる過激派をさす〕が支配する委員会にゆだねられ、この委員会が六月に新憲法を作成した。この草案はすばやく人民投票で承認されたが、戦争継続期間中は棚上げされ、結局これは憲法としては実施されなかった。

ペインは、ジャコバン派とうまくいかなくなったが、それにはお門違いなことではあるが、マラの裁判に引きずりこまれたということがあった。それにフランシスコ・ミランダ将軍がオランダのデュムリ作戦のおりのフランス軍の敗退をめぐって反逆罪を問われた裁判で、将軍に有利な証言をおこなった、ということもあった。なにをするにしても、ペインの行動は、しだいに弱体化し信頼を失っていくジロンド派〔フランス革命期の穏健な共和主義者の党派〕にくみしているというジャコバン派の考えをまさに確証するものであった。そして一七九三年の夏までにジロンド派は没落した。ペインの友人の多くをふくむジロンド派の指導的メンバーたちは、六月に国民公会から除名されて投獄された。その後一〇月には処刑された。コンドルセや他の者たちは逃亡して身をかくした。ここにおいてペインは完全に自信喪失し、その年の四月には、かれはジェファースン宛てに、全ヨーロッパ的革命が起こる見通しは、もはやまったくないということを認める手紙を書いている（II. 1331）。そして五月には、ダントン宛てにきわめて深刻な懸念を示す手紙を書いている。「乱心、嫉妬、不満および不安がわれわれのあいだにはびこり……共和国に破滅と恥辱をもたらしています」。いまやすっかり落胆し、身の安全にたいする恐れもあって、ペインは酒に溺れるようになっていった。

ペインは結局逮捕され、一七九三年の一二月二八日リュクサンブール宮殿に投獄された。もっともかれはある時期逮捕される危険があったが、公式に不法行為で告発されたことはなかった。かれは、一〇月に国民公会のなかでアマールに、一二月にはバレールとド・ルワズによって弾劾された。この二度にわたる告発において、かれはジロンド派の徒とみなされた。そしてかれには見逃してもらえる機会はまずなかった。それでも、かれは逃亡したり身をかくしたりはしなかった。フランス語が話せないことやパスポートをもっていなかったことが逃亡をむずかしくしたのも事実だったが、諦めきって自分の宿命にしたがうというのがかれの態度であった。いったん絶望にとらわれると、かれは、可能なかぎり世事にかかわることを避け、もてる時間のすべてを友人に会うためや、自分が信じていることを書くこと、すなわちかれの最後の作品である『理性の時代』の執筆に費やした。のちにサミュエル・アダムズ〔一七二二―一八〇三〕宛ての手紙のなかで、そのときのことを想起して次のように書いている。

「友人たちは、あっという間にギロチンにかけられて首をはねられ、死んでいきました。同じ運命が自分にもくることを毎日覚悟していまして、それがこの本を書きはじめることを決意させました。自分は死にぎわにいると思っていました。といいますのは、死がわたくしの周りにいるからです。とても無駄にすごす時間はありませんでした。……わたくしがこの著作の第一部を書きおえたのは、逮捕・投獄されるわずか六時間まえでした」（II. 1436. 手紙の日付は一八〇三年一月一日)。

ペインがなぜ逮捕されたかという正確な理由は、かれが殺されないですんだ理由と同様に明らかではない。〔ペイン逮捕後〕すぐに、そしてロベスピエール失脚の少しまえに、ロベスピエールはペインにたいし、「フランスだけではなくアメリカの利益のためにも告発されるべし、という決定」を要求する通達書を書いていた(MC88)。コンウェーの主張によれば、ペインはフランスのアメリカ公使ガヴァナー・モリス〔一七五二—一八一六〕の陰謀の犠牲になったのであって、モリスの〔ペインへの〕敵意は、サイラス・ディーン事件にまでさかのぼるものだったといっている。モリスの役割については、オールドリッジの解釈のほうにより利があるように思われるが、完全に納得できるというものでもない(AA201-4)。もしアメリカがペインの身の安全のためにより積極的に努力していたならば、かれはおそらく釈放されていたであろうと思われる。さらに、「アメリカの利益のために」ペインを裁判にかけること——それは事実上死刑執行のための召喚を意味する——を求めたロベスピエールの提議は、モリスがペインを告発するために積極的に働きかけたということを示している。

ロベスピエールの通達書を考えると、なぜペインが、ギロチンをまぬがれたのかは不可思議なことである。ペインは死をまぬがれた理由として、死刑囚の部屋の扉に記される目じるしが、かれの扉だけうっかり内側につけられていたため、死刑執行人が夜、連行しにきたときにそのしるしがみえなかった、という事実をことあるごとにあげている。しかしこのような話はありえないと思うが、かれが幸運にも死刑をまぬがれたということはまぎれもない真実である。かれは投獄中、重病にかかり、完全回復するまでに一年以上もかかった。

ペインは、いかにもかれらしく、自分が助かったのは神の摂理によるお導きのおかげだとしている。ロベスピエールが失脚してからほぼ三か月たった一七九四年一一月四日にペインは釈放されたが、それが可能となったのはモリスの後任のジェイムズ・モンロー〔一七五八―一八三一〕のおかげだとペインはみている。モンローはペインの釈放を当局にたいして強く要求しただけでなく、かれを自宅に連れ帰ったので、ペインはしだいに健康を回復することができた。釈放されるやすぐに、ペインは国民公会から再度召喚され、名誉をすべて回復された。かれは病いがちであったが、『理性の時代』第二部の執筆を再開した。また一七九五年七月の新憲法をめぐる討議にたいして、まずは『政府の第一原理について』――基本的には『人間の権利』の要約――を出し、続いて『一七九五年憲法』を書いて〔討議に〕役立てた。この『一七九五年憲法』のなかで、かれは〔現在〕提案されている財産資格による選挙権にそれなりの効果が期待できなければ、これに代えて普通選挙権を要求すると強く主張している。かれ自身はいろいろな体験をしたであろうが、それでもペインは人民のもつ徳性にたいする信頼をけっして失ってはいなかったのである。

出獄するとすぐに、ペインは自分を公然と見捨てたアメリカにたいしての怒りをつのらせた。そしてこうした問題を忘れるように再三説得したモンローの努力もむなしく、ワシントンが他の利益をえるために自分のことを犠牲にしたのだと確信するようになった。かれは結局、『ジョージ・ワシントンへの手紙』を書きアメリカで出版し、このなかでかれは、大統領が〔自分への〕友情を裏切り、自分を見殺しにした、と非難した。予想どおり、この手紙は多くの人びとから、国父である政治家にたいする非礼なる攻撃であるとみなされ、これによってペインはアメリカで深い痛手をこうむったのである。

一七九六年の終わりまでに健康を回復するや、ペインはすぐさまきわめて革新的かつ重要な二冊のパンフレットを書きあげた。それは『イングランド財政制度の衰退と崩壊』および『土地配分の正義』である（第3章を参照）。『イングランド財政制度の衰退と崩壊』およびフリュクティドール〔フランス革命暦の第一二月〕一八日（一七九七年九月四日）に起こった、五百人会内の王党派議員を追放した五執政官政府〔毎年一人ずつ改選される五年任期の五人の総裁の集団指導制によって運営される総裁政府〕にたいするかれの擁護論は、ペインが、すぐれてときの政府を支持する立場にあったことを裏づけるものである。イングランドと締結したジェイ条約（Jay's treaty）と、それに関連し一七九七年六月に起こったフランスによる三百隻ものアメリカ商船拿捕により、アメリカとフランスとの関係はしだいに緊迫感をましていった。そこで、フランスにおけるアメリカの市民とその利益のために、ペインは非公式な大使として働くことができたし、（熱心に）その職務を果たした。また自分の立場を利用して五執政官政府やその後のナポレオン〔政府〕にたいし、イングランドへの侵攻計画を勧めた。かれはイングランド市民の大多数がナポレオン軍を解放軍として喜んで迎え、またその〔解放〕革命は最小限の流血で達成されうるであろうと信じていた。ペインにしてみると、共和国が人民を屈服させるための「白紙委任」をもつなどということはありえないことであった。だからかれは、イングランド侵攻は正当な戦争行為であり、むしろその行為は、フランス侵略をもくろむイングランドの企てにたいする報復行為であると主張していたのである。

五執政官政府にたいするペインの好意的意見も、共和国が急速に凋落の一途をたどっていくにつれて徐々に退いていった。さらに五執政官政府の側も同様にペインに幻滅を感じるようになった。これはある面では、一七九八年から一八〇〇年にかけての米仏間の宣戦布告なき限定戦争に起因するが、ある面では、友人関係や諸活動におけるペイン自身の配慮のなさからも生じたものである。しかしながら、一七九七年以後、かれの関心はしだいにアメリカの出来事に集中していき、そのためにフランス滞在は無駄な時間にすぎないと考えるようになり、いまや故郷〔アメリカ〕に帰ることを切望していたことを示している。

ペインは、なんどか自分の帰化した国へ帰ろうと試みたことがあったが、かれが〔フランスの〕国民公会の議員であるあいだは帰国が許されず、また国民公会解散後はイングランドの軍艦に捕らえられる危険があった。結局かれは、一八〇二年から三年にかけてのアミアン平和条約（Peace of Amiens）締結中にアメリカ商船に乗って一八〇二年の一一月一日にアメリカに到着した。いまやかれは六五歳になっていた。

アメリカにおけるペインの晩年は幸せなものではなかった。かれは、ジェファースン政権〔反連邦派、現民主党の前身〕に反対するフェデラリスト〔アメリカ独立革命以後、合衆国憲法制定をめぐって、一七八七年に結成された連邦党と称する合衆国の政治グループ。プランター、商人、金融業者、製造業者の利益集団として中央集権化、健全通貨制、産業保護主義などを主張、現共和党の前身〕がおこなった反ジャコバン運動の格好の標的となった。〔かれにたいする〕敵意をあおらせたのは、かれ自身（理神論を主張し、フランス革命を公然と支持したことによるから）であるが、二度も中傷を受けるはめになったのはジェファースンとの親交に原因があった。ジェファースンはペインを厚遇した。かれは、（フェデラリストの憤慨など）気にすることなく〔ペインを〕快くもてなしたから、生涯のうちでもこれほど困難かつ騒然とした時期にあったペインにとって、ワシントンでのジェファースンのもとに滞在していたことは、ことのほか楽しいものであったにちがいない。もっとも、ペインは公職につくようには請われなかった。ジェファースンは、ペインがそのような職責を果たせるほど十分に思慮深くはないと正しく判断していたからである。

ペインは一八〇六年の七月脳卒中の発作に倒れて以来、体調をくずしはじめた。その後、『理性の時代』の別の個所や海軍の戦略についてのいくつかの助言のほかにも多数の論争的論説を書くまでに回復はしたものの、執筆作業は病気の発作によってしだいに中断されるようになった。そしてかれは、その宗教観の撤回は拒否しながらも一八〇九年六月に息をひきとった。

その人物像について

ペインが、〔神の〕摂理によって、人間の肉体は自然死をむかえるまでは生きつづけると信じていたことはまちがいない。しかしこの摂理〔の論理〕も、かれが存命中もしくは亡くなったのちにも、かれを刺殺しようとしていた人びとからかれの身を守るという役割を果たすには十分でなかったようである。かれはアメリカ革命からはさほど痛手を受けなかったが、それ以後の経過ではあまり幸せではなかった。イングランド政府は公然とかれの評判をおとしめる運動をしたし、ジョージ・チャーマーズ〔一七四二―一八二五〕に委託して、フランシス・オールディスというペンネームのもとでペインを中傷するような悪意に満ちた作品を書かせた。オールディスのあとは、かつてペインの友人であったジェイムズ・チータム〔一七七二―一八一〇〕がひきついだ。チータムはオールディスと同じく偏見に満ちた口ぎたない伝記を書いて、一八〇九年にフェデラリストたちから報酬を与えられている。ペインはふだんから身なりが不潔で、酒を飲んではベッドをよごし、強制的に風呂に入れなければならないような飲んだくれであった、と描写されている。ペインの友人・支持者たちは、このあと、不潔・飲んだくれという記述の訂正につとめたが、ペインの評判がじっさいに回復されたのは、一八九二年にコンウェーの労作が出版されてからであった。

しかし、ペインの人物〔性格〕や評判にかんする記述は大部分が見当ちがいのものである。たしかにペインは大酒飲みでブランデーには目がなかった。かれはときに深酒をしたようで、とくに一七九三年の夏とおそらくは牢獄から釈放されたのち、フランスで身の振り方に困っていたときや晩年期がそうであったろう。またペインはことさら身なりに気をつかうほうでもなかったし、脳卒中になったあとは、しばらくのあいだ失禁状態にあったのも事実である。だがそれが、かれの政治理論や神学にどれほどの意味があるのかという問題は、血管のなかのアルコール度数や衣服洗濯の頻度によってはきまらないであろう。この種の事柄が重要となってくる分野は——さすが史家コンウェーをもってしても明らかにしてはいない分野であり、こんなことは、いま生きている人物を考える場合でさえ意見はまちまちとなるのだが——ペインの誠実さにかかわる分野である。もっとも、この〔誠実さという〕点については、ペイン自身は評価してほしいと求めるにちがいない。たしかに、かれはときおり横柄な態度をとったり、自分の名声を誇らしげにいったり（うぬぼれという人もいるだろう）、迫害にはおびえたがときにはそれを自慢したり、他人からの敵意にたいしては敵意でお返ししたりなどした。要するにかれもまたほとんどの人びとと同じようにさまざまな欠点をもった人間であり、そのため敵よりも友人を厚遇したり、ときには自己の情念や偏見の指示と理性の要求とを混同したりするのである。だが、かれがかつて友人にたいして不誠実な態度をとったとか、平気で人に危害を与えたとか、思想や理性のかけらもないほどに意地悪であったとか、利己的な目的のために嘘をついたり、人をだましたりしたとかという証拠はまったくないのである。晩年になるにつれて、かれは帰化した国や昔の友人たちに見捨てられたと感じはじめ、高い地位にある昔の友人たち（ただし境遇はだれもよくなかった）を自慢するようになってしまうが、その気持ちはわからないわけではない。端的にいえば、かれは自分が反対していた目的を裏切ってまで汚いペンを走らせたとか個人的な野心にかられてものを書いたということはない。かれは、自分が尽くそうとする大義――つまり、大陸の大義、イングランドの急進団体、フランス共和国――のためには、時間、エネルギー、金銭を惜しみなく捧げたのである。またいずれの場合にも、かれは自分の生命を危険にさらす覚悟をもってのぞんだ。結果的には、こうした行為はとくに思慮深いふるまいとはいえなかったが、利己心から発したものでなかったことはたしかである。ペインは、自分の政治的諸原理――この世において公共善や自然科学に捧げること以上によい人生はないという考え――を固く守り続けたことはまちがいない。それについてのより深い動機を求めるなら、来世または死後の世界にたいするかれの信仰に注目すれば、きわめてよく理解できるであろう。

しかしながら、ペインの人物像をめぐって大きな誤解があるのはやはり問題であろう。なぜなら、それでは政治理論家としてのかれの主張と意義が限られた範囲でしか解明されないからである。これらの問題はそれ自体重要であり、よりくわしく調査する必要がある。それについては次章以下で述べる。

第2章　アメリカ

『コモン・センス』において、ペインは、アメリカのイングランドからの独立と、植民地における共和政府の樹立を主張している。かれは〔この本で〕イングランドの支配と植民地支配を正当化する理論に反対する政治思想の伝統をえがき、イングランドが〔植民地を〕支配するのを正統化する主張や〔イングランドと植民地の〕和解をすすめる議論を徹底的に攻撃し、植民地がどのようにして自分自身の政府を作りだすかについて論じている。『コモン・センス』は旧体制とそれを支える諸悪にたいする強烈な攻撃であり、同時に、その双肩に新世界〔建設へ〕の希望が託されている市民たちが勇気をもつように高らかに呼びかけた進軍ラッパでもあった。

旧体制

ペインは、攻撃開始にさいし、まず社会と政府とを区別する。

「社会はわれわれの必要から生みだされ、政府はわれわれのもつ邪悪な心から生じる。前者は、われわれの愛情を結び合わせることによってわれわれの幸福を積極的に促進するが、後者は、われわれの悪徳を抑制することによって消極的ながら幸福を促進する。……社会は、いかなる状態であれ祝福されるべきものであるが、政府は、最良の状態においてさえも必要悪にすぎず、最悪状態においては耐えられないほどのものである。……政府とは、衣服と同じで、無垢むくの状態を失ったしるしである。国王の宮殿は廃墟と化した楽園のすみかのうえに建てられたものである。なぜなら、もし良心の働きが清明で、それもつねに不変でかつ〔良心に〕従順であるならば、人間はいかなる立法者も必要としないであろう」(I. 4-5)。

かれは、自然状態は自然的な自由が享受されている社会状態であるととらえ、また「無垢の状態を失ったしるし」である政府は、社会の上に作られた共通権力であるとみなしている。この権力は同意からひきだされ、正当な機能――つまり公共善を守るための主権を行使する権限――を有している。しかし〔この権力は〕制限されなければ、政府は専制的になり、人びとを守るために設立されたにもかかわらず、人びとの自由や安全をおびやかすことになる。よい政府は公益を追求する。専制的支配者は自分自身の利益を追求する。自由な政治社会は、理性と自然によって承認される。しかし人間は誘惑に弱いことを考えると、自由な政治社会はこわれやすい政治体である。すなわち自由な政治社会は、市民の英知と徳に、またそうした英知によって考案され、徳が支えている社会的・政治的諸制度にもとづいているが、こうした政治社会でも腐敗という無数の力にとりまかれているのである。

一八世紀のカントリー派〔農民党的国民派で、最初は王党派、のちには都市産業派に対抗〕やコモンウェルスメン派〔共和主義派〕の伝統的政治思想では、イングランド人の自由と安全は、イングランドの政治構造が、国王大権と議会においてで代表される人民の利益とのあいだの均衡にもとづいて保証されていると考えられていた。もしも国王がその私的利益のために人民の代表を買収しようとするならば、その国家の自由は失われるであろう。じっさい国王は、議会を腐敗させることのできるかなりの財力や権力をもっていた。すなわち、国王は年金を与えることができ、裁判所や軍隊の任命権を握っていた。国王の地位は商業の繁栄によって強化されたが、他方でこの繁栄は自己の利益のみを追求するように人びとを駆り立てることになるから市民的な徳を弱体化させた。そうした政治思想よりも古い時期から影響を与えたマキアヴェリやルソーなどの有力な古典的共和主義的理論では、市民的な徳や自由を確保するためには市民が自分自身の善と公益とを完全に一致させるような厳格な市民生活が必要である、と述べていた。しかしながら一八世紀においては、多くの著述家たちはそれほど厳格ではない（およびそれほど首尾一貫していない）ゆるやかな共和主義を唱導し、商業を余暇、文化、芸術および文明の発展を刺激するものとして歓迎した。けれども、このような著述家たちでさえ、共和国の安全と市民の自由〔を確保するために〕は、一個の人的団体――すなわち独立した手段をもつことによって腐敗化しがちな国王の影響力に抵抗でき、また議会が人民全体の利益に忠実であり続けることを確証することができる団体――の存在が必要であるという信念はもっていた。自立的なジェントリ層を優先するこの考えは、共和主義者のほとんどが選挙権を一般大衆にまで拡大することについて賛成していないことを示していた。共和政府は自由を保護するためだけの自由な政府であるが、それは必ずしも〔普通選挙権による〕民主的政府である必要はなかったのである。共和主義者の大部分は、民主政は群衆《モッブ》——すなわち政治活動に必要な教育、文化、および経済的自立性を欠く人びと——による支配であると考えていた。それよりもむしろ国王と議会とのあいだの均衡のほうが、個人的かつ集団的な政治形態を抑制する手段としては共和政よりもよいと考えていた。アリストテレス〔紀元前三八四—三二二〕やポリュビオス〔紀元前二〇〇?—一二〇?〕のいう混合政体という考え方や、マキアヴェリ〔一四六九—一五二七〕、ハリントン〔一六一一—一六七七〕およびモンテスキュー〔一六八九—一七五五〕の諸著作にもとづいて、共和主義者は、イングランドの政治構造は政府のさまざまな機関と一人支配、少数者支配、多数者支配（君主政、貴族政、民主政）を混合した権力を分立させたものだと解していた。王室を擁護する人びとは、政府の権力と命令とは相互依存関係にあり、国王の影響力を行使することは均衡のとれた政治構造にとって不可欠な要素であると考えていた。これにたいしてカントリー派の人びとは、種々の機関の独立を主張し、国王の影響力が強いのは必然的に腐敗をまねくとみなしていた。しかしこのふたつのグループも次のような前提は受けいれていた。すなわち、混合政体は、権力を〔国王と議会のふたつに〕分け、国家におけるさまざまな利益を競合させて自由を保証しているので、（君主政、貴族政あるいは民主政のような）単純な政治形態よりも過度に走ったり専制に陥ったりすることが少ないということである。またかれらは、政府の一機関が他の機関をそそのかして自分の個人的野心を支持させることができるようでは、均衡が破壊され、政治構造は危機に陥り、自由は失われると考えていたのである。

革命についてのペインの諸著作は、以上に述べたようなこの〔思想的〕伝統と深く関連づけられて書かれていたのである。かれは人民の安全と自由が専制政治にのみ込まれてしまうことを恐れていた。混合政体と権力分立という政治教説がイングランド政治体制の危険な状況〔専制政治化〕にたいするかれの攻撃に勢いを与えた。この地点からかれは、新しい同国人〔アメリカ人〕たちの多くと同じように、イングランドにおける腐敗の勢いは手がつけられないほどにひどいので、この国が長らく維持してきた自由の炎はまさに消えようとしていると主張する。『コモン・センス』とペインの革命にかんする他の諸著作は、イングランドの政治構造および国王と側近たちの策謀にたいする辛辣な非難を次々と浴びせかけているが、そのことはかれがこの反対思想〔混合政体と権力分立制〕の伝統にしたがっていたことを十分に裏づけている。君主は「イングランドの政治構造のなかの横暴なる部分である」（I. 8）。「君主政は共和政を毒し、国王は下院を買い占めてきた」（I. 16）。国王は「破廉恥な圧制者」（I. 105）である。宮廷は「堕落した不信心者」（I. 44）、「浪費と強欲」（I. 175）の貯蔵庫、「貞操観念の欠如者」（I. 60）および「ぶらぶらとぶらさがる寄生虫」（I. 62）としてあざ笑われる。国王の側近は「不実な人間」（ibid）かつ「憎悪すべき陰謀集団」（I. 24）であって、「買収以外に影響力を行使する仕方」(I. 148)を知らず、アメリカの併合と略奪をたくらんでいる。議会は贈賄と汚職に専従していながら、「手当が与えられている」(I. 118)。そして国民は、すすんで「国家的腐敗に最後の悪徳を付加している」(I. 210)――つまり専制政治へと降伏するのである。要するに、イングランドの政治体は「愚かな専制君主、放蕩三昧の宮廷、不正取引をする立法府、(および)盲目的に追随する人民」(I. 66)からなっている。ペインはまた、イングランドのアメリカとの取引はその費用と軍事的野心を支えるために内閣が議会をおさえつけて植民地の併合と略奪に躍起になっていることを強調する。アメリカ人の自由だけではなく、自由の炎それ自体も危機に瀕していると考えたのはかれのみではない。

「世界のいかなる地域も圧制に打ち負かされている。自由は世界中で迫害されている。アジアやアフリカでは長年にわたって自由が排除されてきた。ヨーロッパは自由を見知らぬ人のようにみなし、イングランドでは自由にたいして死の警告を出している。さあ、この亡命者を受けいれ、人類のために避難所をさっそく用意せよ」(I. 31)。

しかし、ペインは、この反対思想〔混合政体と権力分立制〕の特徴をずばりととらえ、その理論構成を知りながらも、ペインの見解はその反対思想と必ずしも同じものとはいえない。かれは、イングランドには古くからある伝統的な政治構造が存在するという思想的立場をとらずに、この伝統とも袂を分かつ。すなわち、かれは、君主政が永久に正統性をもちうるということを否定し、民主政府とは共和政府のことであると述べ、また混合政体と勢力均衡という政治論にも異議を唱えている。イングランドの政治構造は「新しい共和政的要素と、ふたつの古い専制（君主政と貴族政）という卑しい遺物の混合」（I. 7）である。下院は唯一の共和政的要素であり、イングランドの自由は「自分たち全体のなかから下院〔議員〕を選ぶ自由」と市民の徳性いかんにかかっているのである（I. 16）。ペインはこの思想的伝統を利用するとともに、新・旧世界の政治的秩序とその〔発展の〕可能性を区別することによって思想的伝統の枠を乗り越えた。イングランドの政治制度はほとんど救いがたいほど腐敗しており、その専制支配はいまやアメリカ植民地の自由をもおびやかしている。そしてその脅威は大きいが、逆にそれは変革を呼び起こす絶好の機会である。

「現在は……ある国民にとってたった一度しか起こらないほどの特別の時期である。すなわち自分たちが〔新しい〕ひとつの政体を形成する好機なのである。諸国民の大部分はその機会を逸してしまい、そのためにみずからの手で法をつくる代わりに征服者による法を受け入れるように強いられてきた。かれらは最初にひとりの王をたて、それからひとつの政治形態を手にした。しかしそうではなくて最初にひとつの政体にかんする条項や憲章がつくられるべきであり、そのあとで人びとはそれらを執行する代表者を立てるべきなのである」（I. 36-7）。

アメリカ植民地は、〔神の〕摂理によって、第一原理からひとつの政体をつくる機会を与えられた例外的な位置にある。もしかれらが思慮深く行動すれば、世界に「迫害された者の聖域」、「自由のための逃げ場」、「人類の避難所」をもたらすことができる（I. 21, 31）。成功するためには自分たちの政府を人類の平等と「理性と自然の純粋な声」の上に基礎づけなければならない。

『コモン・センス』は、共和政府のみがこうした条件を満たしうるという主張からはじまる。君主政は理性からも聖書からも支持されない。君主政はこれまで「世界を血まみれの廃墟」(I. 16) と化してきた。君主政では腐敗と専制に向かうのは避けがたい。君主政は征服、強奪、武力および欺瞞の上にたてられている。そしてそれにともなう世襲継承の原理はすべての合理的な人間にとって忌み嫌われるものである。なぜならそれは、「愚か者や邪悪な者や不道徳者に門戸を開くものであり、そこには圧制の本質が内在している」(I. 15) からである。そのうえ聖書が示しているところによれば、共和政を樹立する機会を与えられた人民がもし君主政を設立したとすれば、それは神にたいする罪と同様の罪のもとに生きることになる。「それは神のことばに反対であると証言したような政治形態であり、そのもとでは流血を招くであろう」(I. 16)。旧体制は、自然の法則に反し、非合理的であり、腐敗しており、神の視点からも非難されるものである。旧体制は、〔神の〕摂理が特別な運命を課したアメリカ人民にとってのふさわしいモデルを提供しうるものではない。

新しい共和国

「天国に住む人びとは、世界のあらゆる自由と真の宗教が保証されるところに箱舟がたどりつくのを見ようと待ちのぞんでいる」(II. 93)。

ペインにとって、新しい共和国の時代はすぐそこまできていた。独立は、思慮深さ、必要性、自然権およびわれわれの唯一の真なる主権者にたいする義務感から要求されるものである。じっさいアメリカはすでに事実上自治をおこなっていたが、この国は必要な政治的基本組織を欠いているので、その自律性は人民の徳性にもっぱら依拠してきた。ペインは現在の事態をまさしく不安定な状態にあるものとみなす。なぜなら、この国は「法もなく、政府もなく、ただ礼儀の上にたてられ、礼儀の上に認められた権力以外にいかなる種類の権力も存在しない」からである。そのうえ、アメリカでは、「これまでに類をみない〔連帯〕感情が生まれたことによって団結した」からその基盤にはきわめてもろいものがある。かれは次のようにいう。「われわれの現在の状況は、法律を作っているのにそれは法として認められず、英知をもっているのになんらの計画も立てることができず、国家構造はそなえているのに〔国家の〕名称をもっていないのである。また奇妙なことに、完全独立を目ざしているにもかかわらず、〔本国への〕依存〔自治の拡大〕を求めて争っているのは驚くべきことである」(I. 43)。

この危機にさいして、アメリカ人民を導くためにペインは次のような寓話を示している。かれは、読者に「地球上のある隔絶された土地に住みつき、他人との関係をまったく絶った少数の人びとのこと」(I. 5)を想像せよという。とするとまずこれらの人びとが最初に思いつくのは社会であろう。なぜならかれらは協力し合わなければ死滅してしまうからである。必要がかれらを結びつけ、ひとつの共通の大義に向かって統一させ、〔それによって〕かれらが正しく行為することを確保する。だが状況が改善されるにつれて「相互間に必要な義務や愛情が弛緩する」。そこで、なんらかの形態の政府が「社会的に必要な徳の不足をおぎなう」のに必要となるということがわかる。これらの人びとは「人びとの安全を守ってくれるなんらかの大木」のもとに集まって、かれらの行動を規制するさまざまな規則を決定しようとする。そして（自由な政府のもとではつねにそうであるように）植民地の人口が増えてくると代議制という政治形態が必要であることが明らかになってくる。選挙がしばしばおこなわれると、「被選挙者が、選挙民の意志を無視して自己の利益を追求するようなことはけっしてない」ような状態が確保されるであろう。「……このように頻繁に〔議員が〕しばしば交替させられると、共同体全体に共通の利益が達成されるであろう。……そして、まさしくこのことに、（名ばかりの国王統治によってではえられない）政府が力をもっていることの意味や被治者の幸福がかかっていることがわかるのである」（I. 6）。

この寓話の意味は明白である。ペインは、アメリカがヨーロッパから地理的に隔絶されていること、アメリカ植民地人は〔イングランドその他の国々から迫害を受けてこのかた〕避難所を求めてここへ逃げてきた人びとなので、かれらは以前に住んでいた国々とは実質的にはなんの関係ももっていないという事実、またアメリカが独自の道を歩んでここまで発展してきたこと、そしてみずからの考えで一致と団結の意識を獲得してきたみちすじについて強調しているのである。

イングランドとの関係が決裂したので、アメリカには「節度ある情念以外に法はなく、誠実な群衆以外に政治権力はなく、相互間の人間的な愛情によるほかに自己防衛の手段はない」(I. 81)。義務と愛情という自然的紐帯は、植民地が政府なしで長期間存続できるほどには強固なものではないけれども、人民の自然的な感情、仲間意識および徳性は、かれらが代議制的共和政をつくるのに十分なほどの条件を満たしている。代議制的共和政の樹立によってのみアメリカは公共善を守り、ヨーロッパ諸国家をむしばんできた腐敗と退廃とを回避することができるのである。しかしその機会はうまくとらえられなければならない。なぜなら、「必ずしもつねに、われわれの兵士たちが〔理性的な〕市民であり、また群衆が理性的な人間の集団であるとはかぎらず、さらに徳性は世襲されるものではなく永久に存在するものでもない」からである。アメリカの将来の幸福は、基本的諸原理にもとづいてみずからの政府を樹立する場合にのみ確証されうる。もしアメリカがそれをなしとげることができれば徳は維持されることができ、そうでなければ大義も国も失われるのである (I. 45)。

ペインの寓話のなかに秘められていた根本原理——政治的平等、最小の政府〔小さな政府〕と代議政体、社会的慈愛と商業の統合的役割、および政府が公益を追求することの必要性——が、アメリカ植民地に適した政府形態を考えるさいのかれの分析の根底にある。植民地は人民全体の会議を開くには広すぎるし、人口も多すぎるので、かれは大陸議会 (a continental conference) を提案する。そしてその代表者は既存の大陸会議 (Continental Congress)、各州議会（State Assembly）ないしは各地方会議（Provincial Convention）、また一般投票によって選ばれた一般人民から構成されるとする。そしてこの大陸議会は大陸憲章あるいは憲法を起草するためのものであり、その職務は「最小の国家支出で最大級の個人の幸福」（I. 29）を保障する政府形態を考案することである。ペインは憲章の内容に盛り込まれた民衆的な要素を社会契約〔思想〕と同じものとみなしている。「憲章は、宗教の自由、職業選択の自由、または財産権の保障といったそれぞれの領域の権利を支えるために全員が結んだ厳粛な義務契約と理解されるべきである」（I. 37）。かれは、自由につくりあげられた憲法こそが正統な政府の唯一の基礎であると信じ、それゆえ、憲法をそなえている国と、イングランドのように「その場その場の政府形態のほかにはなんら国家構造のない」（I. 85）国とをきびしく区別している。

ペインは、こうした憲法がどのような内容をとるべきかについてはほとんどなにも述べていない。『コモン・センス』においては、大陸会議は一院制でこのメンバーのなかから議長が選出され（議長職には一三州が回りもちでつく）、「真に正しい法律を制定するためには、会議の五分の三以上の者の」多数決で決定すべきであると提案している（I. 28）。かれはまた、広い範囲から選出された、かつ財産資格を付けない平等な代議制を確保する重要性を説いている。『ペンシルヴァニアの人びとにたいする厳粛な声明』（一七七八年）では、州議会の提示した急進的な州憲法を擁護し、従来の財産資格にもとづいて賦与された選挙権の枠をこえて、有産者であろうと貧困者であろうと、権利の問題としてすべての自立した人びとにまで選挙権を拡大するよう強く主張している。「わたくしは、自由あるいは権利という言葉を用いるさいにはいつでも、人びとのあいだで完全な平等が保持されていると解されることをのぞむ者である。有産者たちにはその富を享受させておき、また貧者は貧者で貧困のなかに楽しみを見いだすままにさせておこう。しかし自由は誰もがすぐ手が届く高さにある」(II. 287)。他人や世間にみずから従属し、それによって他人のしもべとなることに同意する人びとには選挙権を与えるべきではない。もっともこうした人びとでも「人間としての本源的自立性を身につけ、一個の人間として世間に立ち向かう」ようになればただちに「本来自分がもつ全自由をとりもどせる」のである(I. 287)。

正統な政府は民衆の同意に基礎をおく政治構造のなかからのみつくりだされる。そして普通選挙がしばしばおこなわれれば、選出された者がその職務を誠実に執行し続けることを確保するとともに、専制的権力から市民を保護するものである。ペインの立場は大衆民主主義に力点のあることは明白である。なぜならかれは、少なくとも一度はルソーと同じように人民の意志が真の主権者であると述べているからである。「われわれはこれまで、区別されるべきふたつの異なることがら、つまり合衆国の主権と議会においてこの主権を委任された代表とを混同してきた。……このことはおそらく、代表の性質を人民の意志を代表するものと思いちがいしているために起こったことだと思う」(II. 169)。主権は集合体としての人民に基礎をおいているのであって、かれらの代表〔議会〕にではないのである。

しかしペインのいう「合衆国の主権」とは、たんにその内容が民衆的なるものであればよいというものではなかった。なぜならかれは、最小の政府を要求し、政府はつねに悪であると主張するにもかかわらず、もしアメリカがこの国を統一したいということであれば、アメリカ大陸全体を統一できる強い政府が必要だと考えていたからである。『コモン・センス』では大陸会議に対抗できるような州の権利についてはほとんど述べられていない。そこでは州議会の職務は、「もっぱら州内にかんすることだけであり、大陸会議の権威にしたがう」（I. 28）ものと書かれている。そのうえで、人民は憲法制定会議において直接的に代表されるべきであると提案し、それゆえ州議会が代表者を選ぶ権利は否定されている。このことは、ペインが国家主権に対抗する州主権の要求を認めていなかったということを示している。ペインによれば、「われわれ〔アメリカ〕の強さは、大陸〔全体を代表する主権〕にもとづいているのであり、州〔的な主権〕によるものではない」（I. 29）、むしろ問題は、「大陸の主権があまりにも弱いということ」（I. 44）である。「アメリカの連合はその独立のための礎石である」（I. 204）。そしてわれわれは、〔アメリカ〕連合が独立戦争を戦い抜き、勝利を獲得することができたこれまでの経過を振り返ってみるとき（各州はそのとき戦争による破壊の苦難をなめていたであろうが）、「この幸福な連合を強化する必要があるとともに、その〔連合の〕利点も強く印象づけられた」にちがいない。「この連合こそがわれわれを救い、それがなければわれわれは破滅した人民であったろう」（I. 232）。

「われわれは合衆国というほかに国家主権をもたない。……主権はそれを構成しているあらゆる〔全国家〕部分を防衛する権力をもつ必要がある。『合衆国』〔国民〕としてわれわれは平等の権利を有している。そしてこの平等の権利は『合衆国』あってのことであるといえよう。……合衆国における市民権がわれわれを国民たらしめているものである。個々の州における市民権はたんなる地域的な特性を示すものにすぎない」(I. 234)。

ペインは民主主義を志向していたけれども、新しい憲法についてのかれの考えは前述したかれの寓話の字義にも精神にもそぐわないものである。なぜなら、この憲法は民衆の投票によって承認されたものではないし、そこでは普通選挙も主張されていないからである。ペインは、ルソーが嫌悪していた〔代表者への〕権限委任と代議制の双方を、〔人民の〕直接参加の代わりに受けいれた理由についてはなにも説明していない。さらにかれの同意についての考え方はいささか無頓着であって、そこでは憲法制定会議への代表選出のための投票が同時に会議の制定したことはすべて契約〔人民投票〕上の同意とみなされているのである。また、国家主権〔の設立〕を求めるかれの主張は、〔社会〕契約的な諸原理を十分に考慮して構成されたものとはいえず、国家主権は公共善によって要求され、諸個人も諸州もこの目的に反対する権利はもっていないとされているのである。

これらの問題にかんするペインの議論は説得力に欠けるか、そもそもなにも論じていないかである。その理由は、ひとつにはかれ自身が革命のための論客という役割を自任していて、論争は政治理論上の学術論文とはちがうと考えていたからであり、もうひとつはかれが自然権理論の思想家たちと共和主義的政治理論家たちが議論のさいに用いた用語や伝統を広範囲に利用しているからであって、このふたつの問題は必ずしも矛盾するものではないが、少なくとも手を組むにはなかなかにむずかしい相手である。

自由と公共善

ペインが、一方では権利を基礎においた政治理論を展開していたことはまず疑いない。政府の存在理由は、まさに諸個人が自然状態においてもっている諸権利、つまり自由・安全および良心の自由という諸権利を維持することである（II. 54）。憲法上の諸原理とアメリカ合衆国憲法にかんするかれの説明は、法の支配とそれにもとづく万人の自由は平等に保持されるべしという信念から出発している。かれの商業についての説明はもう少しくわしく、自由な社会とは、かれあるいはかの女がみずからの利益を追求するさい、人が生まれながらにもっている能力や才能を行使する自由を認める社会であると述べている。この点において、かれは最小の政府と自由な市場経済の作用を主張する現代のリバータリアン〔個人の自由と権利の絶対的尊重および制限された政府を厳密に主張する論者〕ときわめて類似しているようにみえる。

しかしペインはまた共和主義的政治形態にも目を向けている。これは市民道徳と公益とに最優先的価値をおくので、リバータリアニズムとは両立しない。たしかにかれの社会と政府の区別はまさに自然権思想の伝統を受けついでいるようにも思われるが、それはまたふたつの社会、一方は人民が愛情、思いやり、社会的感情、相互的義務、および自然的義務感によって統一されているので公平無私な公益を追求するという社会、他方はそうした紐帯がゆるんできたので人民が全体の諸利益を考えることを促進するために、あるいはそれが必要であるということを人民に知らしめるために政府が介入しなければならない社会とのあいだの区別といってもよい。市民道徳がかなり広くいきわたっているからといって、すべての人がすすんで公共善を追求すると期待するのは非現実的であるが、しかし大半の市民がそのような徳を欠いているような社会では共和政府を維持することはできないのである。なぜなら共和政体は大部分の市民の大半が公共善を自分たちの個々の諸利益よりも上位におくという能力をそなえているということがその前提になっているからである。ただしすべての人がこうした能力をもっているわけではなく、ときには公平無私という正道からそれる者もいるということはペインも認めている。政府内における党派や派閥にたいしてはペインは公然と攻撃しているが、それによって真の公益概念とはなにかについてかれが強い関心をもっていたことが確認される。党派や派閥は他者にもたらす結果を無視し、自分自身の特殊利益をえるために政府を利用することによってこれを破滅させる。他の共和主義的思想家たちと同様に、ペインにとって共和政とは、大半の市民が共同体の善のために自己の利益を犠牲にすることができるほど十分に有徳かつ公共心に富んでいる場合にのみ繁栄しうるものである。

こうした考えと自然権理論とのあいだに緊張関係があるのは明らかである。権利にもとづいて自己の利益を追求する諸個人からなる国家は公益の概念を共有することができず、それゆえ市民道徳という概念も共有することができない。しかしながらペインが共和主義的な面に視線を向けていることも明白である。かれは、共和政府はすべての人民の利益という目的のために存在するということ、合理的な人も有徳な人もそのことを認めるだろうということ、およびそうでない人びとはそのことを認めるように仕向けられなければならないということを信じている。かれは次のように書いている。「すべての人にとって利益になることはすべての人はそれを支持する義務がある。そこで、すべての人びとに平等に負担がふりかかることと、同時にすべての人が平等な利益を受けることとは、自由の観念とまったく矛盾しない」(I. 127)。換言すれば、もしもわれわれがある人に負担を課す場合に、その負担はただ自分たちの利益になるなにものかを生みだすためのコストの分担分にすぎないと正しく推論できるならば、それはかれの自由を侵害することにはならないということである。このことは政府が人に自由であれと強制しているかのようである。

「人びとがみずから役立つ人間であろうとする公共的精神をもっていないところでは、かれらの悪徳からできるかぎり最善の効用をひきだすことが統治の努力目標であるべきである。ひとりあるいは人びとの集団の情念を統治する方法が一度《ひとたび》わかれば、その運営方法は容易につくられる。なぜなら公共的な徳になんの感動ももたない守銭奴でさえ、もしもその貪欲さに重税を課すということにでもなれば、財布の紐をゆるめることだろうからである」(I. 98)。

これでは最小の政府とは思えないし、また全体よりも諸個人の諸権利をおおいに尊重していることにもならない。自由とは〔ペインによれば〕自然権の自由な行使をひかえ目にし集団的な自己統治や公共善の追求をすることだと解されているのである。

ペインは読者にたいしてかれらの真の利益は公共善にあることを示そうとしている。つまり真の利益があってこそ公共善の自由な促進がのぞめるということを苦労して読者に説いているのである。しかしペインは、公共善を実行するには利益という動機にもとづく必要があるとか、またもとづくべきだとは思っていない。なぜなら、そうでなければ新共和国の存続はできないという、より高次な理由があるからである。

「果たすべき義務と相互の愛情という問題はあっても、われわれの行為のなかになにか利己的なものを許容するならば心の誠実さと熱意の衰退をうながすこととなる。しかしわれわれの義務と愛情と利益が一致するならば、この三者の結合はなんらかの役に立つことであろう」(I. 205)。

しかし、たとえ、義務、愛情、利益の結合を守ることがいくらか役立つとしても、「利益という冷たい事実」がわれわれの義務や幸福の起源や目的になると取り違えるべきではないとペインはいう。人民の利益と果たすべき義務および愛情とのあいだにこのような区別をつけるのは、社会とはたんなる私的利益の追求のための領域ではないという共和主義的見解をペインが根強くもっていたことを示すものである。社会のなかにおいてのみ社会的愛情、感情、文明、知的探求、公平無私な慈悲心、および徳性という人間のより高度な諸能力が可能となる。そしてこうした諸能力が十分に活用されたときにはじめて、人民は自分たちの個々の善が公益のなかに存することを認識するのである。共和国は、人びとが贅沢によって堕落し、称号や名誉を与えられて買収され、情欲、強欲、自尊心および利己主義といった卑しい情念に人間が駆り立てられているところでは成り立ちえないのである。だからこそペインは〔人間が〕自立することを熱心にすすめているのである。「徳性は世襲されるものではなく、永久に続くものでもない」(I. 45)。もしもアメリカがイングランド君主政のもとにずっととどまっていたら、アメリカの徳性はまちがいなく腐敗させられるであろう。よい政府は市民の徳性を強化するが君主政は人民を腐敗させるということは、なぜ個人の権利が公共善を求める上からの命令的な要求と必ずしも衝突しないのかを説明してくれる。すなわちよい政府のもとでは、われわれは義務としておこなわなければならないことをしたいと思うようになるだろう。ペインはこの点について〔これ以上には〕展開していないけれども、アメリカ人はじっさいに義務と利益の一致を認めるであろうと思われる三つの理由を示している。〔第一に〕読者によびかけるというかれの方法は、共通感情という強い絆が共和主義的制度を支持するアメリカ人のあいだに十分に存在しているという信念を〔ペインがもっていたことを〕あらわしている。〔第二に〕かれは商業が〔アメリカの〕統合に効果を与えるという全般的な論拠を提起している。〔第三に〕また〔ペインは〕理性それ自体は個人的善と公共善との一致を生みだしうるということを示しながら、理性が共和主義的制度を支えているということの一連の主張をおこなっている。

コモン・センス

『コモン・センス』というタイトルは独立を要求していたペインの考えに合致したものである。なぜなら、常識《コモン・センス》とは、人間あるいは共同体にかんして人びとがもつ共通の意識であり、共通のまたは標準の知力を示しており、これがないと人は愚かであるとか狂っているとかひねくれているとか判断されるからである。それはわれわれが無条件に真実だと知っていること、すなわちわれわれが住んでいる世界を当然のこととみなすこと、また、その世界を他の人びとと共有することである。「常識」は理性や合理性に代わりうる用語ではない。なぜなら「意識」という言葉には、妥当性という意味と同じく、感情や気持ちという意味がふくまれているからである。常識に訴えるというのはたんに経験的知識に訴えることを意味しない。それは「それなしには人としての義務を果たすことや至福を享受することもできないような気持ち」（I. 23）に訴えることである。常識とはある種の第二の天性ともいえる。国民のあいだで常識とみなすことがらを理解できない人は、その国民のあいだでは門外漢となるということであって、その国の習俗や社会秩序にとっての潜在的な脅威となりうるのである。

しかし常識は気持ちや感情にもとづいているので、ふつうははっきりとは表現されないから、それにはある程度の解釈や変更の余地がある。常識への訴えはしばしばある集団が共有していることがらについての特定の解釈に訴えることになる。だからそのような訴えは、場合によっては信念と行為の様式にまったく劇的な変化をもたらすことがありうる。というのは、『コモン・センス』においてペインは読者にイングランドに従属することが当然であるとするかれらの常識をくつがえし、独立の必要という意識をそれにおきかえようとしていたのである。かれは読者に「簡明な事実とわかりやすい議論および常識」をもって示し、自分の仲間たちにたいして「偏見や先入観」を捨て理性や自然的な感情を支持するよう求めている。そして読者に「人間としての真の特性を身につけ、現在を越えてその先まで大きく視野を広げ」(I. 17)るよう訴えている。「人間としての真の特性」というペインのことばには、意図的に諸刃の剣的な意味がかくされている。かれはまず、合理的で、正しく、偏見のない観察者こそが公平無私な判断ができるという理想を述べて読者を喜ばせる。しかしそのあと続けて、かれはさまざまなイメージ、引喩、比喩および直喩を用いながら、夫、父、息子、恋人ないし友人といったさまざまな立場にある人びとに語りかけることによって、その大半は男性である読者のあいだに、あるきわめて強力かつ心の底から湧きでる感情をひきだそうとしている。このような「常識」こそ、かれがイングランドに対抗して動員をかけようとのぞむものである。かれは、イングランドが親として自然の人情に反していることを暴露する方法として「母国」という比喩を利用する。それによってよき親であるための規準とはなにかを暗々裡に打ち立てたあと、次いで読者自身の責任感に直接訴える。「〔アメリカを支配しているイングランドの〕統治は、子孫に残してやれるものをなにか確保するのに十分なほど長続きしないことを知っているので、われわれは〔イングランドを〕親として喜べない。……われわれの義務の道筋を正しく見いだすために、子供たちの手をひいて数年先にすすみ、そこに生活のための足場をしっかりと定めるべきである」（I. 21）。われわれは子供たちの未来を安全なものとするために、イングランドがよき親の手本であると考えるのをやめて独立の必要を認めなければならない。読者への要求に答えて、ペインの巧みないいまわしによる訴えは最高潮に達する。

「あなたの家はこれまで焼かれたことがあるか。あなたの財産は目のまえで破壊されたことがあるか。あなたの妻子たちは身を休めるベッドや命をつなぐパンに困ったことがあるか。あなたは親や子をかれらの手で殺されたことはあるか、そしてあなた自身も破滅したり悲惨な生残者になったりしたことがあるか。……もしこうした体験をしながら、それでもなお人殺しと握手できるなら、あなたは夫、父、友人または恋人の名に値するものではない」（I. 22-3）。

親、恋人または友人として、アメリカ人はイングランドの専制に抵抗する義務を負っている。植民地にたいするイングランド軍の動員は自然の情に反するものなので〔アメリカとイングランドの〕和解を不可能にしたのである。「自然が許すことができない侵害というものがある。もし自然がそれを許すなら、自然はもはや自然ではなくなるだろう。もしそうであるならば、大陸がイングランドの殺人者たちを許すのと同様、恋人が愛する女性の陵辱者を許すことと同じことになるであろう」(I. 30)。もっとも身近な人びとにたいする殺人、レイプ、および力や暴力による侵入などといった例を男たちの心に訴える方法は、読者のなかにある強力な感情をひきだし正当化することが意図されていたのである。

「全能の神は、われわれのなかに善なるかつ賢明な目的を求める不滅の感情を植えつけられた。その感情はわれわれの心のなかにある神の像の守り手である。この感情がわれわれを動物の群れから区別するものである。もしわれわれがこうした感情の特質に無感覚であるなら、社会契約は解消し、正義は地上から根絶されるかあるいはたまにしか姿をあらわさなくなるだろう。危害をくわえられても平静をたもち正義を訴えないでいるなら、盗賊や人殺しはしばしば処罰をまぬがれてしまうだろう」(I. 30)。

自然的正義という意識と報復の権利はこうして人間の身体のなかに植えつけられた。それらは「人間としての真の特性」の決定的な側面であり、それらが正邪にかんするわれわれの常識の基礎を形成し正当化するのである。

しかしこの常識がイングランドの侵害によって踏みにじられてきているから、いまや〔この常識が〕独立を要求し、アメリカ人を公共善というひとつの共有された概念に統一するものである。植民地に戦いがしかけられたことによって、「人民全体は融和し、結合と秩序と統治のための第一の礎石をすえる段階に達した」(I. 86)。冒頭の寓話のように、「重力のようにひっぱられる」必然性が、愛情や義務という共通の絆と、共同体にたいする義務を人民にすすんで認めさせるための公益という共有概念をつくりあげた。新しい共和国は、たんに個人の諸利益を整合させたり満足させたりするための機構ではない。それは感情や信念の共同体であり、新しい道徳秩序である。ここにおいて、すべての人は自由で平等な正しい市民として、自分たちの真の本性と特性にしたがって生きることができるのである。

ペインは自然と共通の感情によって諸個人の善と公共善との一致がうながされると信じている。しかしかれはまた、この一致は人民の自覚に結びつかなければならないし、共和国の政治諸制度のなかに確立されていなければならないと思っている。必要と逆境がひとつの役割を果たすが、ペインもまたひとつの役割をになっていたのである。ペインは、「公衆側にたいしてわたくしが意図しているのはかれらに真の確実な利益を示すこと、かれら自身の善に向かうように奨励すること、悪人によって広められ弱者が助長してきた恐怖や欺瞞をとりのぞくこと。またすべての人に連帯への愛着心と義務をひき受ける自発性を喚起することにある」(I. 69)と書いている。また、かれは次のようにいう。「私の基本的なもくろみは、人民の気持ちを、それこそかれらの利益と義務に結びつくと確信のもてる方向に向けさせることにあった。その方向をとってかれらの利益と義務を実現させるとして、そこで必要なのは生命力への信頼であった」(I. 182)。

かれは、自分の課題にたいして広範囲におよぶ巧みないいまわしの技術を活用している。かれは不安定な感情をとらえ、潜在意識にある恐怖や欲望をしっかりとつかみ、公平無私な徳性に訴える方向にひき込むために人びとの自尊心をくすぐる。しかしかれの能力の真のすぐれたところは、つねに国民の政治生活を支配してきた裕福なエリートだけでなく、主として植民地社会の中産階級と職人階級からなるきわめて広範囲にわたる読者と結びつくことに成功しているところである。ペインがこのような人びとをふくめたことはきわめて意図的である。すなわちこうした男性たち（女性たちではなく）こそが州議会や大陸会議の選挙において有権者のうちの大多数を形成するだろうし、かれらの金銭的、政治的および実践的支持は独立闘争に不可欠だからである。それゆえかれらをひき入れなければならない。なぜなら、もしかれらが自分の個人的な善と公共善とを一致させないならば、独立や共和政府〔の設立〕はほとんど不可能だからである。

商業、富および財産

古典的な共和主義理論においては、富やぜいたくは個人の善と公共善との一致にたいする致命的な脅威になるとみなされていた。不平等は社会的分裂や階級闘争をひき起こす源泉である。富やぜいたくは不可避的にひとつの階級にほかのすべての階級を支配させ、支配階級の諸利益にあらゆる諸利益を従属させることになる。その帰結は、富者の専制（寡頭政）か貧者の専制（無政府状態）かのいずれかになる。市民のあいだで実質的に物質的な平等が満たされていなければ、市民的な徳性と共和政の存立はありえない。禁欲的な農業経済を力説するこのような古典的伝統にたいして、イングランドのカントリー派の理論家たちは、自由の維持は自立的な財産所有者階級の存在に依拠していると主張している。すなわち、この〔自立的〕階級は、適度な富をもつことによって、宮廷とそのぜいたくな暮らしぶりがもたらす腐敗的な影響力に抵抗することができ、さらにかれら個人の諸利益と公共善との一致をすすめるような国家にたいする十分な利害関係をもつようになるという。このような伝統においては、市民権は自由土地保有者に限られる。土地所有権がかれらを信頼できる者にし、またかれらを庶民《ホイポロイ》または大衆《モッブ》から区別するからである。

以上のようなふたつの伝統にたいして、ペインは土地配分法の必要性を否定するとともに、財産所有にもとづかない広範囲にわたる民主主義的な投票権を提唱する。かれは民主主義的諸制度をもった自由な商業社会が階級闘争によって破壊されるとは考えていない。また土地所有権をもつ人びとだけが完全な市民権を認められるべきだということも受けいれない。どちらの場合の伝統的主張をも拒絶するペインの立場は次のような確信にもとづいている。すなわち民主主義的な憲法はすべての市民にたいして（財産の安全をふくむ）権利と自由の平等を確立するということである。これは富の不平等や多数派の支配によっておびやかされることはなく、また公共善の達成を危うくするものでもない。このような社会では、商業は社会のあらゆる利益を促進し目にみえる危険性はない。ペインの確信は、それぞれの市民は他者の権利や自由とぶつかる個人的な利益よりも、政府がすべての人にたいして平等に保護する権利と自由のほうを重視するであろうという想定にもとづいている。真の市民であれば自己の利益を重視するあまり他者にも与えられている自由は認められないなどというはずはないのである。以上のことは、思慮分別を働かせる必要のある問題である。なぜならいったんある市民の自由が侵害されてしまったならば、ほかのすべての市民の自由を侵害してはならないというわけにはいかなくなるからである（II. 372）。他方そのことは、のちに見るように正義と理性の問題でもある。なぜなら正義と理性が統治するところでは、商業とその結果として起こるさまざまな不平等も一般大衆の民主的な代表も共和国の安定性をおびやかすことはありえないからである。そしてそのことはまた、商業自体が社会において統合的役割を果たすからでもある。

商業は文明化および社会化をすすめる主要な力である。さまざまな商品の交換を可能にすることによって商業は文明の発展を可能にする。すなわちそれは、自然状態では人びとは生きていくうえで必要なものを確保するために他のすべての人びとと競い合うのにたいして、商業はわれわれ自身の必要や欲望の範囲を広げつつ、同時にわれわれが他者の必要や欲望を満たすのを助長するからである（II. 240-2）。物資は相互の価値基準において交換され、また労働や各人の能力はそれぞれに正当な報酬を受けとる。したがってそこには階級闘争は発生しないのである。さらにすべての市民は、男女を問わず各人の善行はこのシステム全体を維持することによって、もっともよく助長されるということを理解することができる。このかぎりにおいてペインは、商業と結びついた徳性、つまり倹約、節度、労働、慎慮などは市民的な徳性と公共精神に完全に一致するというモンテスキューの提言を是認している。しかしこのことは商業は必ず徳性を促進するといっているわけではない。じっさい、イングランドはひとつの好例を提供している。というのは「イングランドでは商業が盛んになるにつれて本来の精神を失っていった。……人間は失わなければならないものが多くなるほど、危険を冒したがらないものである。金持ちは概して恐怖の奴隷となる。そして猟犬のように尻尾をふって宮廷権力にしたがうのである」(I. 36)。にもかかわらずペインは、イングランドにおける商業と徳性の衰退とのあいだのこのような関係は偶然のできごとであって必然性があるわけではないと考えている。かれは詳述してはいないが、君主国における商業〔活動〕は自由と公共精神にとって有害であると信じていたようである。なぜなら宮廷の富と情実人事《パトロネージ》が、経済的および社会的分裂を拡大させ、市民たちの能力、才能、努力とかれらが受けとる報酬とのあいだの自然的で正しくかつ合理的な連関を破壊するからである。共和国においては、人びとは自分の才能や徳性を通じてかれらの仲間である市民から尊敬を獲得する。そして自己の善行と公共善の両方に力を尽くすことによって、結果として社会的影響力と政治権力をもつ地位へと上昇することもあろう。君主国においてはそのような関係は存在しない。なぜなら影響力と権力は追従者と怠け者と浪費家から構成されている世襲階級に属しているからである。こうした文脈においては、商業が積極的な効果をもつことはまずないといってもさほど不思議なことではない。というのは公共領域が才能や能力をもつ人びとを尊重しないならば、かれらもまた公共領域を尊重しないと思われるからである。その代わりにかれらは自己利益の獲得に向かい、裕福で意志薄弱な、堕落しやすく他人に影響されやすい者になるだろう。

もしアメリカがイングランドにいつまでも依存し続けるなら前述したような運命がまっている。アメリカはその若々しい徳性を失ってぜいたくと退廃へと沈んでいくだろう。しかしもしアメリカがみずからの徳性を結集して共和国を建設するならば、世界はすばらしい転換図を目にするにちがいない。この武装した共和国は勤勉と商業が支配する能力主義的な市民文化によって成功をおさめるだろう。そしてその市民文化において政府の活動は制限され市民の徳性は少数者の要求を受けいれるのである。世界は逆境にあったアメリカが「嵐が大きくなったときに解決に立ち上がった」(I. 231) のを見てきた。アメリカはいまや「繁栄をもたらしうるということ、そして平時におけるその誠実な徳性は戦時におけるもっとも勇敢な徳性に匹敵するということ」を示すにちがいない。アメリカは「みずからの土地をもち、みずからのぶどうの木の下で労働の喜びと労苦に値する報酬を享受するという……平穏な家庭生活の光景」(I. 231) を後世に伝えていくはずである。革命後の共和国はみちがえるほど平穏な――まさに市民的な――社会なのである (II. 293)。

アメリカ市民は、富によって腐敗したり派閥や階級闘争によって分裂したりするおそれはない。ペインは新しいアメリカを、政府の諸活動によってというよりはむしろ商業によって、人民の欲望や必要を同時に調整し満足させることによって制御されている社会として描写している。つまり〔アメリカは〕、各個人に政治的な平等と自由を認めることにより燃えさかる自由の炎を保護しようとする政治構造《コンスティテューション》のもとで繁栄する社会である。このような社会における市民たちは公共善に奉仕する意識をもち、必要とあればその防衛のためにすすんで駆けつけるから、土地所有をめぐる利害関係に関心をもつ必要はないであろう。なぜなら、〔そこでは〕すべての人が最大限の犠牲をはらう覚悟をもつというもうひとつの「財産」を平等に共有していると考えているからである。「財産だけでは侵略してくる敵にたいして国を防衛することはできない。……国防は、自分自身が直接かかわる問題にちがいないが、すべての人びとを平等に結びつけるものは、すべての人の平等な財産になるものでなければならない。それはすなわち富とは関係のない自由な平等を分有していることである」(II. 288)。個人は自分の善行を公共善のなかに見いだす。なぜなら公共善は各人の自由と権利の保護とすべての人にたいする基本的な政治的平等の保障をふくんでいるからである。より古い共和主義が階級闘争を防止し市民の徳性を発展させるために必要な物質的な諸条件を強調したのにたいして、ペインは、共和国が市民に保障する自由と権利がこの物質的な諸条件と対立した場合には自由と権利を平等に与えることのほうが物質的な諸条件に優位すると考えていた。このようにかれが国民にたいする商業の長期的な効果に関心をはらわないのは、かれがより基本的な面において〔物質的諸条件の強調という〕共和主義的伝統からは距離をおいていたことのあらわれだといえよう。

古典的な共和主義は、個人の諸情念および諸利益と公益とのあいだを結びつける一連の制度的メカニズムという手段によって、人間の堕落した本性を制御しようとした。つまり共和政とは繊細なかつ巧妙な社会工学とみなされ、その存続のためには一定の人口学的、経済的、社会的、文化的、ときには地理学的および気候的条件が必要とされるのである。この〔共和主義的〕伝統においては理性と合理性が果たす役割はそれほど大きくはなかった。じっさいのところ、正確には人間理性の弱さのゆえにこのような巧妙な社会工学が必要だと考えられたのである。こうした伝統にたいし、ペインは権利と自由の平等を求めることから生みだされた団結を強調する。かれは、この新しい共和国の市民は公共善は正義と自由という合理的諸原理を具現化することを認めるから公共善を支持するであろうということを信じていたのである。

理性の力

理性と合理性とが個人の善と公共善の一致をもたらすというペインの信念は少しずつ時間をかけて展開されていった。『コモン・センス』と『危機』という著作において、ペインは「ある国の一般的風習や道徳」(I. 117) の形成過程には政府の役割が重要であると述べているが、それはかれが古典的な共和主義へ関心をもっていたことの反映である。さらにかれは「国家におけるよき被治者〔の育成〕を奨励・保護し、また邪悪な被治者を抑制、処罰する」(I. 97) 上での政府の役割を重要視している。このことやそのほか (II. 63を対照せよ) のペインの考えをみても、かれは個人の善と公共善との一致を求めることはたとえそれが強制的であってもそれは正当であると考えていたことがわかる。しかしながら、かれのその後の著作、とくに革命後の著作では、理性をよりいっそう強調するようになっている。すなわちペインは「正しいことは世の中にいきわたるであろうし、不正なことは誤ってそのときどきの世論や流行の支持をえることがあっても、すぐさま人をあざむく力を失い軽蔑されるにいたる」(I. 197) から、共和政府に本来そなわっている徳性は、最後には認められるであろうし、またいったん人民が自由な政府の価値を理解すればそうした考えは真に革命的なひびきをもって広まっていくであろう〔と言う〕。

「国王たちは魔法使いたちと同じように消滅していくであろう。……迷信の衰退、知識の大いなる増大と普及、および諸個人における価値の平等性の理解は、ひとりの人間を王位にある者という名のもとに期待してその人に偶像崇拝的な名誉を付与して飾り立てることを不可能にするであろう」(II. 290)。

いったん共和国の徳性が知られるようになれば、人民はより劣悪な状態のままに甘んじていることはないであろう。なぜなら「ひとたび光をそそがれた精神は二度と暗くなることはありえないし、……既知の事実を知らないとする精神などはありえないし、またそのような想定を表現するいかなる用語もない」(II. 244) からである。諸個人が公共善と共和政府を支持していれば、商業がかれらの富を増大してなんらかの物質的な不平等をつくりだしたとしても、ぜいたくや腐敗に陥ることなく、また派閥分裂をひき起こさないが、それは人びとが公共善を求めることの正しさと合理性を認めているためである。一七八二年に『レナル師への手紙』を書いた頃までは、ペインは歴史は野蛮から文明へと発展する道のりを示してきたということ、および、将来、諸国民のあいだの関係が文明化する見とおしがあるということ、商業こそは必要物を提供し諸利益を調整することによってかつて人びとを社会化したようにいまや理性と啓蒙の発展という力を借りて、諸国民のあいだにおいても同じことをひき起こそうとしているということを積極的に主張していた (II. 241-2)。

独立と革命にかんするペインの諸著作には、一貫して共和主義的側面への賛同と自然権理論の側面への賛同とのあいだにおける緊張感がみられる (そのような緊張はペインに限られることではないが)。しかしペインはときおりすすんで個人の諸権利を公共善の犠牲にしているように見えるけれども、おおかたのところでは公益の実質的概念を支持すると同時に諸権利を完全に保護するために〔共和主義と自然権理論という〕ふたつの伝統を組み合わせることは可能であると考えていたのである。われわれは、ふたつの伝統は衝突しないというかれの信念についてその可能性にかんする根拠を三点考察してきた。すなわち、共通感情や共同体意識への訴え、人民の欲求充足の調整によって商業が共同体を統合するという主張、合理性と理性の発達への直接的訴えである。この最後のものは初期においては、思いやり、共感および共通利益への訴えとして示唆するにとどめていたが、後期の展開のなかでその合理主義的基盤が明らかにされている。それ〔合理的訴え〕はまたペインの考え方のなかにあった〔共和主義と自然権理論との〕緊張を長いことかけて解きほぐすのに役立った。かれがなすべきことはただ次の点を主張することにあった。すなわち自然権は合理的被造物としてのあらゆる人間に属しその担い手が合理的人間として行動し続けるかぎりにおいてのみ保護され支持されるということ。いいかえれば合理的人間は理性が要求する場合は自然権は公共善を支持することを認めなければならないということである。

　現代の読者にはこのようなペインの立場は強制的すぎるかあるいは考え方が甘いような印象を与えるであろう。強制的というのは、公共善という命令的な要求に抵抗する人びとを非合理的と単純にきめつけることによって自然権〔の主張〕が後退するのを認めるようにも見えるということ。甘すぎるというのは、ペインは人民が公共善のなかに理性と正義の要求があると認めていたと本当に信じていたかどうかということである。しかし、これらの主張は重要ではあるが、どちらもじっさいには正当なものとは認められない。市民の自然的ないし政治的権利についてはペインは本気である。とくに革命後、多数者支配は個人の権利にたいして重大な侵害をもたらしかねないという認識を深めていて、『政府、銀行、紙幣について』（一七八六年）においてこのような侵害を明白に非難し論証をすすめている〔からである〕。かれは次のように書いている。ある人民がひとつの共和国を樹立するとき「かれらは、それがどのようなものであれ、専制権力、あるいはそれ自体のうちに不正をふくんでいるような権力はすべて、憎悪すべきものとして未来永劫に放棄することを求めている。なぜならかれらのうちの多数者はそれをなしうるに十分な数の強さをもっているからである」(II. 373)。民主主義的支配に内在する専制〔支配〕の可能性にかんするこうしたペインの認識は、おそまきながらとはいえかれの後期の諸著作における個人的権利の防衛〔の重視〕と同様にやはり誠実な態度を示している。

〔ペインは〕愚直であるという主張にはきくべきものがあるように思われる。人の判断が愚直であるかどうかはその信念からだけではわからない。人の判断というものは決定にさいして重要となる合理性という一般的かつ永続的な基準にしたがうのではなく(なぜなら、そのような基準はわれわれの身近ではほとんど存在しないから)、問題になっている信念が形成される知的および現実的関連のなかで評価されなければならないのである。『コモン・センス』を書いた頃のペインはまだ経験豊富なパンフレット作者というわけではなかった。かれには、以前に書いた未発表のただ一冊のパンフレットと、署名入りの数多くの新聞記事があるだけであった。ペインには自分の経験不足を誇張する傾向があるが、そのさいかれは、アメリカの大義が唯一かれの心を動かしたのであり、動機であるかのように述べて、みずからの経験不足を補ってはばからないところがあった。『コモン・センス』は、イングランド時代にかれがかかわった政治討論や議論のさいにえた知的財産と、フィラデルフィアの友人や知人たちを通じてはじめて出会った急進的共和主義の伝統とを融合させたものであった。その結果が完全に満足のいくものではないにしてもきちんとした作品とはなった。ペインの評論の多くには臆測、虚勢、希望的な観測の風があるが、数多くの巧みないいまわし、「勇ましい」感情、烈しい非難・断言がある。これはのちに続くきびしい現実にはまだ汚されていない基礎的な修辞的技巧である。あとで振り返ってみると、内容よりも文体を重視していたことがわかる。この修辞的技巧が読者にたいして無視できない影響力、いや計り知れない影響力を与えることになることは否定できない。しかしその後、軽薄な楽観主義がペインにとってさえはっとさせるほどの愚直な表現と見られるようになっていくのである。革命後半は、きびしい時代、つまり「人間の魂がためされた時代」(I. 50) であったからこそ、より徹底した巧みないいまわしが作りだされたのであった。それは独立闘争のより残酷で恐ろしい面をみてきていまや自信を失いかけたすべての人びとの構想力をとりもどさせ元気づけるようなものでなければならなかった。その主張はいまやより詳細になり、またより実用的で、より切迫したものとなった。パンフレットがプロパガンダと新聞の二役を兼務するようになるにつれて、ペインの語り口のうまさがしきりに求められるようになった。摂理への訴えは、いまではそれへと導く読者の〔闘争〕力にたよるよりもかれらの希望や信仰に依拠するものとなり、またアメリカの選択肢は自由かそれとも服従、隷属および略奪かといったようにいよいよはっきりしてきた。ペインの共和主義的いいまわし、すなわち公益や市民の徳性そして大義と国と子供たちにたいする義務に訴えるやり方は、植民地軍がもっとも絶望的な事態に陥っていた時期に書かれた『危機』の文章において頂点に達した。そしてヨークタウンが陥落し独立が確実となったことをイングランドとアメリカの両者が認めたのち、ペインは、あと知恵ではあったができごとを振り返りアメリカの大義の勝利を力よりも権利の勝利、迷信ではなく理性の勝利、専制にたいする自由の勝利に、その原因を求めていた。かれはいまや、摂理を、自由と自由な政府という大義によって無知の足枷をほどいた理性の力、つまり歴史を貫く理性の進軍とみなしたのである。アメリカはもはや自由を守る最後の砦ではなく、新しく啓蒙された普遍的秩序の創始者である。「偉大な国民という真の理念は、普遍的な社会を広め促進するものである。この精神は局地的な思考環境を超えたところで生じ、いかなる国民であれいかなる職業であれ、まるでかの創造主の業のように人類のことを考えているのである」(II. 256)。

一事成れば万事成る、というのはけだし名言であろう。革命の体験とその闘争が成功裡に終結したことによって、ペインは、初期においては示唆の段階にとどめていた諸原理や信念をその後さらに発展させ具体化させていった。

かれが、しだいに、すすんで理性に訴えるようになるのは、かつてはただ必要と利益の問題にすぎないと思えていたことがじつはより普遍的な重要性をもっているということにかれ自身が気づいた証拠である。このような確信をペインは生涯抱き続けたし、このような確信をアメリカにたいしてもつねに抱き続けていた。それはかれのその後のすべての政治理論を特徴づけたが、それをうぶな議論と片づけてしまうのはいかがなものかと思う。歴史家たちは、アメリカ革命とその成功について知的に説得力のある単調な説明をしてきた。しかし、そのできごとの渦中にあって、それらを当時の政治理論や終末論の見地からみていた人びとにたいして、みずからの信念の偶然的条件を厳密に調べるように求めることはほとんど不可能であろう。大義の正しさと専制の暗愚な暴力にたいする権利と理性の勝利というのは、ペインだけでなく多くの人びとにとって、革命過程についての説明としてはきわめて妥当なことであり、それゆえ新時代への期待を根拠づけるにはふさわしい説明だったといわなければならない。

第3章　ヨーロッパ

『人間の権利』第一部

『人間の権利』第一部において、わたくしは世襲制政府を樹立する権利などは存在しないということを……示すよう努めてきた。……なぜなら、世襲制政府とはつねにやがてきたるべき政府を意図しているので、次世代の人民もまたつねに前世代の人民と同様に自分たち自身で政府を選べる同じ権利をもっているのかどうかということが、つねに問題になるからである」(II. 447)。

ペインは、『コモン・センス』において「世襲制」を攻撃していた。かれは「人間はすべて本来平等であって、何人《なんぴと》もその出自によって永久に自分の家族をほかのすべての家族よりも優越した地位におく権利をもつことはできない」と述べている。すなわち自然は明らかにそのような制度を認めていない。「その制度を認めていないからこそ、自然は人類にたいしてライオンのような力の強い人の代わりにロバのような愚鈍な人を与えて、世襲制をこれほどひんぱんに笑いものにするのである」。また人間は他者の支配に同意することはあるかもしれないが『あなたの子々孫々は永久にわたくしたちの子々孫々を支配できる』というのは、明らかに、自分たちの子供たちを侵害することを認めることにほかならない。なぜなら、そのような無分別、不正、自然に反する契約では、（おそらく）次の世代を子供たちに譲るときにかれらを悪党や愚者の統治のもとにおくことになるかもしれないからである」（I. 13）。もっとも『コモン・センス』ではペインはこの点について詳述してはいない。しかし『人間の権利』第一部においては、自分の主張をくわしく述べ、議論の内容を広げ、世襲制にたいする詳細な説得力のある批判をおこなっている。またそのなかでかれは、自然権と市民権を区別するとともに、憲法、人民主権、普通選挙および代議制政府といった関連する問題に議論の範囲を発展させている。これらの議論はすべてペインのアメリカにかんする諸著作のなかですでに示唆されてはいたが、フランス革命とバークの敵意に満ちた体制擁護論とがきっかけとなって、かれの立場――それまではそれほど体系的には述べていなかったが――は代議制統治と人民の最高主権を正当化する自然権にもとづいた内容豊かな議論へと変わっていったのである。同時に一定の文学的および修辞的技巧を用いることにより、かれはこのような理論的な諸原理を、バークの『フランス革命についての省察』とそれが企図していたイングランドにおける社会的政治的不平等の正当化にたいする辛辣な攻撃へと転換させたのである。

ペインは、一六八八年の〔名誉革命の〕諸原理にかんするバークの説明に反対して次のような権利理論を導入していた。リチャード・プライス〔一七二三―九一〕は、名誉革命百周年を記念する演説『祖国愛について』（一七八八年）において、この革命によって人民は、自分たちの統治者を選び、不正行為をした統治者を罷免し、みずからの政府を形成する諸権利を正当に行使したと主張している。バークはプライスの演説をひきだし、フランス革命の諸原理を批判するための最初の攻撃目標としてとらえ、人民が政府を形成するという諸権利が国民に固有のものであるとか、名誉革命がそうした諸権利の存在を証明したなどということを否定した。バークは、「われわれ〔当時の人民〕とわれわれの継承者およびわれわれの子孫を、かれら〔イングランド国王ウィリアムとメアリ〕とかれらの継承者および子孫にいつまでも服従させる」ことを求めた当時の議会制定法を引用し次のように述べている。「われわれが〔名誉〕革命によってわれわれの王を選ぶ権利を獲得したなどということは真実であるどころかまったく正反対である。それにたとえその権利を以前からもっていたとしても、イングランド国民はそのとききわめて厳粛に、自分たちとすべての子孫のために永遠にこれを放棄したのである」（EB104）。

こうしたバークの主張にたいしてペインは次のようにいう。「後世の人びとを『永遠に』拘束し支配する権利または権力を保持するような者は、議会のなかであれ、いかなる種類の人びとのなかであれ、いかなる時代の人びとのなかであれ、これまでどこの国にも存在したことはない」。反対に「あらゆる時代および世代は、それ以前の時代や世代と同様にどのような場合であれ自分の思いどおりに行為する自由がなければならない」（I. 251）のである。ペインの見解では、もし人民のなかのある集団が政府を形成する権利および政府の行為を規制する一連の権力を確立する権利をもっているなら、また、人間であるというそれだけによってこのような権利をもっているとしたら、あらゆる集団がこの権利を保持しているにちがいない。人民のなかのある集団が、人間として行使する権利〔自然権〕をもっているものを次の世代の人びとはそれをもっていないと主張するのは不合理である。バークの主張しているところは、もし問題とされる権利が自然権というよりも特別の権利であるとするならば、革命の終結にかかわった人びとには次世代の人びとのとうていもちえない権利が与えられているということである。つまりその権利なるものが、ある特殊の理由によってかれらにのみ与えられた権利であって、次世代にはみられない権利であるということになる。しかしこの特典とはなんであったのか。だれがそのような特別な権利を与える権利をもっていたのか。さらに、特別な権利を与えるこうした権利はどこからくるのか。しかしこの問題は、ペインが述べているように歴史的先例から生じる議論とかかわりがあるが、それらについては十分にさかのぼって論じられていないのである。権利にかんする主張を先例に基礎づけて論じるためには、われわれは徹底的にさかのぼって検討しなければならない。しかしそうすると、「われわれは、人間が造物主の手から生みだされたときまでにさかのぼっていくであろう」。神の創造が人間の権利の神的起源である。これ以上に高い権威はありえない。だがこの権威は、ペインが「人間の一体性」と呼ぶもの、つまりわれわれは、神の目からみればすべて平等に生まれついており、したがって平等な自然権をもっているという原理そのものである。このことから、だれもが神によって〔人を〕支配するように選ばれたと主張することはできないということ、および、ある世代の権利は他のすべての世代の権利と同じでなければならないということがわかる。もしある世代が一人の世襲君主に服従する権利をもっているとするならば、すべての世代もそれぞれにこの権利をもっているはずである。しかしもしすべての世代がこの権利をもっているとするならば、あるひとつの世代だけがこの権利をもち続けるということはない。

しかしながらバークの主張はそう簡単にはしりぞけられない。ペインの立場は自然権についてのひとつの解釈に依拠しているが、バークはこれはあまりにも抽象的すぎて形而上学的だとみなしている。〔もっとも〕バークも一定の自然権は存在すること、すなわち自然状態の諸個人にはなんらかの自然権が存在することを否定しようとしていたわけではない。こうした権利にかんするかれの説明はおおまかではあるが、各人のもつ自己統治の権利と同様に、自己保存の権利は基本的自然法であるとしている（EB150-1）。しかしながらこうした権利の内容は〔バークにとっては〕さほど重要ではないようである。なぜなら、文明社会の構成員になるさいは、各個人は、この権利を構成員になることがもたらす利点と交換に放棄ないし譲渡しなければならないからである。この利点こそが、バークが「人間の真の権利」と呼ぶものである。文明社会は「恩恵を与える制度」であり、法は「規則にもとづいた恩恵である。人間は、そのような規則にしたがって生きる権利を有し正義にたいする権利を有する。……かれらはみずからの勤労の成果をえる権利をもっている。……かれらは両親が獲得したものにたいする権利、自分たちの子孫を養育し教育する権利、および現世での教化と慰めのなかで死を迎えることのできる権利を有する」（EB149）のである。そして、こうした文明社会の権利や利点は、各個人が「まだ契約をしていないときの人間の第一の基本的な権利、つまり自分自身で判断する権利および自分自身の大義を主張する権利」を放棄する場合にだけ守られるのである。なぜなら「人間は未開状態における権利と文明状態における権利とを同時に享受することはできない」（EB150）からである。未開状態においては人間の情念は制限されない。文明状態においては「人間の性向はたえず抑止され、意志は制御され、情念は服従へと導かれるはずである」（EB151）。文明社会の利点を確保するためには、人間は「自分たち自身に端を発する権力による」（バークによる強調）支配に服従しなければならない。そしてこの権力は「その職務上それを抑制し制圧すべき人びとの意志や情念にしたがうことなどありえない」のである。つまり、自己統治の権利を放棄するとき、人びとは自分たちの社会の統治や政治に参加する権利を喪失するのである。こうして「統治組織全体は〔そのときどきの〕便益の問題となる」が、人びとが自然状態においてもっている権利は便益の問題とはまったく無関係である。もし世襲制政府が便利であることが示されるならば、この政府が臣民のほとんどにたいして政治的権利を否定しても、それは政府の正統性をゆるがす根拠にはなりえない〔とバークはいう〕のである。

バークの社会にかんするこうした見解は明らかに世襲制擁護のためのものである。社会とは制度、法、規則、規範、価値、目的をもつ緻密な機構である。そうした社会は、その構成員から尊敬を受けている場合にのみ、またそれを保持し続けることが先祖と子孫にたいする義務だと認識される場合にのみ維持されうる。〔そのさい〕ひとつの契約が社会の根底にあるが、それは商業や「その他の卑俗なことがら」において結ばれるような契約とは異なる。それは「現存している人びとと、すでにこの世を去っている人びとと、これから生まれてくる人びととのあいだの」共同事業と理解するのが正しい。そしてこの共同事業の目的はより高次な自然の秩序によって与えられている。

「それぞれの特定の国家におけるそれぞれの契約は、永遠の社会をつくる偉大な原始契約のなかのたんなる一条項にすぎない。この原始契約は、不可侵の宣誓——すべての肉体的および道徳的本性をそれぞれの定められた場所におくこと——によって承認された確固たる協定にしたがって、より卑賤な本性とより高貴な本性とを結びつけ、目にみえる世界と目にみえない世界とを結合するのである」(EB195)。

この階層的な秩序が便利性をもつのは自然にもとづくものだからであって、自然であるのはそれが神によって定められたものだからである。

この秩序には根本的に変革する余地はほとんどない。「浮わついた思いつきや流行がでてくるたびに、それと同じだけ同じような方法で国家を改革しようとする不道徳で安易な動向が国家共同体を結ぶすべての連鎖と継続性を破壊するであろう」(EB193)。急進的な改革は意図的な選択にふさわしいあるいは理性的な目的とはなりえないのである。

「……もし必要性にしたがうものだけが選択の対象にされるなら、法は破られ、自然に逆らうことになる。そして反逆者は法外放逐となって見捨てられ、理性、秩序、平和、美徳および有益な悔悛の存する世界から、狂気、不和、悪徳、混乱および無益な悲しみからなる反対の世界へと追放されるのである」(EB195)。

臣民の義務は「有益な悔悛」の秩序にしたがうことである。大多数の人間にこの秩序を転覆させるのを認めるような政治的権利を与えることはとんでもないことなのである。

この分析からすると世襲の権利の問題はますます複雑になる。バークにとってはこの問題は、世襲の権利の問題対代議政体の問題ではなく、世襲の権利の問題対無政府的な自然状態の問題である。また、無政府的な〔ものを志向する〕権利を社会秩序という特権をえるために放棄するということはきわめて理性的な交換なので、人民の権利が世襲君主政とそれに付随する支配システムの創設によって侵害されるという主張は的はずれなのである。バークの見解によればひとつの世代があとに続く世代を拘束できないと主張することは、その各世代においては権利と情念との差はなく秩序は破壊され各人が社会的便益を奪われた状態のなかに、すなわち〔リア王の言葉『リア王』三、四・一一三をひけば〕、「必要なものが与えられていない貧しい裸の二足の動物である人間」を投げ込むことを意味するのである。

世襲的権利に反対するペインの最初の主張は、〔バークのような〕より複雑な議論をする相手にはあまり説得力がないように思える。そのうえ、バークの主張にたいし反駁をすすめるにあたって、どのようにして論をすすめたらいいのかまったくあいまいである。論者たちのなかには、ペインはじっさいにはバークの議論にとり組んだのではなく、一連の反対意見といってもたんに自分のこれまでの見解をくりかえしているにすぎないという者もいる。しかしながら、こうしたペインのバーク批判にたいする論評はいささか公正を失しているように思える。なぜなら、ペインが最初にかれの政治理論全体を自然権理論と人民主権によって基礎づけたのは『人間の権利』においてだからである。さらにこのような新しい理論は、かれが〔バークの〕『フランス革命についての省察』と格闘した成果であって、この『省察』の理論〔的分析〕の詳述をつうじて、まさにペインのバークにたいする反駁が十分に説明されるのである。

バークとの直接的対決を試みながら、ペインは、人間の自然権は文明社会に入ることによって放棄されるのではなく、その反対に、市民権は自然権によってかえって定着させられると主張している。すなわち「人間が社会を形成したのは、それ以前の状態より悪くするためでも権利を縮小するためでもなく、これらの権利をよりいっそう確保するためであった。人間の自然権はあらゆる市民権の基礎である」(I. 275)。かれによれば、われわれは二種類の自然権をもつという。ひとつは、良心の自由という権利のように、それを行使する権力が生まれつきのものであるというもの。もうひとつは、〔外からの〕侵害から守られ保護される権利および救済される権利の場合のように、それを行使するための生まれつきの権力を欠いているものである。われわれは、だれかがわれわれを不当にとりあつかったさいに、〔それを〕判断する権利と権力をつねに有しているが、権利の救済を施行する権力は必ずしもつねにもっているわけではない。ある権利を行使する権力がないところでは、個人は「社会の共有財産に自己の権利を寄託し、自分もその一員である社会――自分自身よりも優越する、ないしは自分自身にたいしてそうさせる力を有する社会――の力を用いるのである」(I. 276)。社会はもともとわれわれになにものも与えない。しかしわれわれは権利を救済される自然権を有しており、それゆえ、社会の助けが必要になったとき、われわれはかつて〔社会に〕寄託した共有財産を利用するのである。さらに社会は、たとえば宗教上の信仰の自由の権利のように、行使する権力がまったく自分自身のものである場合には、そうした権利にたいしては社会は支配権をもちえない。このような説明は、本質的には、社会の機能を自然権のより完全な確保という観点からみていたロックの説明と類似している。ペインの主張はロックほどには明確に系統立てて論じられてはいないけれども、その基本的主張はまったく明らかである。市民権はいぜんとして自然権に起源を有している。そして、このふたつの権利はいずれも放棄できないように構成されており、このなかで合法的な市民的権威は作動しなければならないのである。これこそ、かれが人権宣言を議論するさいに、自然権と市民権の両方をふくめた理由である。社会契約は、二種類の権利〔自然権と市民権〕をともに保護することを保障しなければならない。「社会に結集した人間の目的は、自分たちの自然権、市民権および政治的権利を維持することにあるから、これらの権利は社会契約の基礎であり、その承認と宣言はそれらの保障を確証した憲法に先行すべきである」(II. 558)。

このような社会契約はたしかにその性質上「社会的」である。それは個人の権利を授与するものではなく、守護者として行為する社会を形成するためのものである (II. 584)。各個人の力を結集することによって、社会契約はひとつの国民を創出し、そのなかでは人民全体が主権者となる。各人は、権利と権力とが等しい場合〔自然状態〕には、各人は主権者のままでいられるが、権利と権力が等しくない場合には、各人は国民のつくった主権者権力を自分の自然権を完全に保障する者として受けいれるのである。

バークのいう契約は支配者への服従契約を意味する。他方でロックやペインの契約は、相互の防衛と便益のために対等な人間のあいだで結ばれた結合〔相互〕契約である。つまり人民が全体として主権者となるひとつの社会を樹立する契約である。この主権者たる人民は、次いで統治の枠組と諸原理を与える憲法を作成し、そしてこれにより政府はこの主権の受託者として行為する。このことは、憲法、政府、法、および執行行為は人民の最高主権にたいしては拘束力をもたないし、またもちえないということを意味するのである。

ペインは詳細な説明はしていないが、かれが擁護した一七八九年憲法に敬意を表した言説のなかから必然的に生じるであろう結論（のちの著作で明らかになるが）が暗示されている。それは、真の人民主権は普通選挙を必要とするということ、すなわち国民主権に参加する権利は自然権が十全でないときにそれを補うものであるということである。国民主権すなわち集合的な意志と権力をもつ人民主権は、権力と権利が等しくない場合に諸個人の意志と権力を平等なものにすることによって、すべての自然権を等しく確保させるものである。国民主権をとおして権利と権力は同等のものとなり、これによって（主として保護と安全保障の問題は）完全になる。まさに、個人の完全な自然権が譲渡されえないものであるのと同じく、主権者たる人民の完全な権利もまた譲渡されえないのである。

国民の自己統治の権利は、その構成要素である諸個人の自己統治の権利と自己開発の権利からひきだされる。この権利は選挙や世論において明示される人民の意志という形で現出し、それによって権力と権利は同等なものとなる。人民は一定の諸権力を公的権威というひとつの形態に譲渡しうるが、しかしかれらはこの信託が適切に執行されるかどうかを判断する権利も保持しており、それゆえ必然的にその判断を実施する集合的な権力をもつ。人民が主権者であるとペインが主張するとき、かれは要するに、政府は究極的には世論に依拠しているといっているのである。ひとつの国民はそれが意志することを意志できる完全な自然権をもっている。だから国民は、かれらがじっさいにはもはや意志することができないようなもの——たとえば〔君主政という〕政治形態——を、意志するように義務づけられることはないのである。国民は自分たちの真の利益を読みちがえるかもしれないし、「国王」という形態をとるある個人に絶対的な権力を与えるかもしれない。しかし、もしも国民が、この方法が自分たちの利益にとって最上のものであるということを信じるのをやめたならば、国王はそれに反対する資格はなく、その権力を喪失するのである。「国民が自由であるためには、国民が意志するだけで十分なのである」（I. 322, II. 496 およびその他）。

　憲法や憲法が生みだした政府はこの主権者の意志の表現である。しかし、もし主権者の意志が国民の「常識」を表現することをやめるならば、もはやその政府は正統性をもちえないのである。もっとも、政府は詐欺・迷信によって世論を操作したり、強制によって支配しようとするかもしれない。しかし人民の承認がなければ、それらは長くは存続しえない。しかしこのことは、憲法は人民の満場一致の支持をもたなければならないということを意味しているわけではない。各構成員は意見をいう権利をもっているけれども、何人《なんぴと》も自分の意見によって残りの人びとを支配することを求める権利はもっていないからである。社会契約は、各人にたいし国民全体にわたる諸問題について発言する権利を保障している。しかし国民の意志は、当然のことながら多数者の意見に左右される。にもかかわらず、国民主権が人民の自然権と市民権を正当に侵害することなどありえない理由は、国民主権の唯一の存在理由がこれらの権利を擁護することにあるからである。このことは『政府、銀行、紙幣について』（一七八六年）においてみられるペインの初期の見解からも明らかである。国民主権とは、〔ペインによれば〕人民意志からの制限をまったく受けない最高のものであるということを意味しない。その制限の内容は、国民主権が作成されたときの目的、つまり構成員たる国民の平等な自然権を守るという目的によって、その限界が定められているのである。

「共和国における主権のもつ権力は、正不正についてそれぞれを適切に区別して位置づけ、一方が他方の立場をけっして侵犯しないようにするために行使される。共和国とは、正しく理解されるならば、意志の主権と対照をなす正義の主権である」（II. 375）。

国民主権は（たとえば国王やかれの継承者に永久に託されるというようには）譲渡されえないけれども、人民が（世襲制に特徴的な支柱である）武力や詐欺によって支配されている場合には、国民主権は廃止されよう。にもかかわらず、人民の権利と権力とは人民とともに存在し続けるのであって、かれらに必要なのはただそれらを行使しようという意志だけである。「国民はいかなる形態であれ、不都合とみなした政府を廃止し、かれらの利益と意向と幸福とに一致するような政府を樹立する、奪うことのできない固有の権利をたえず有しているのである」（I. 341）。イングランドが君主政を存続させているのは、それを廃止する権利をもっていないからではなく、（反対に）人民がまだ自分たちの利益をはっきりと理解していないからである。『人間の権利』は、なぜ人民がこの詐欺行為に気づかないでいるのかについて明白な説明をしている。すなわち、世襲制が人民を儀式と壮麗さをもって威圧し、武力の誇示と永遠の断罪というおどしによっておじけづかせ、君主、貴族、教会および国家にたいする人民の義務は永遠だ、という詭弁を弄する主張によってうろたえさせているからである。ペインは、バークのパンフレットをそうした詐欺とペテンの制度に味方するものとして弾劾する。そしてこうした詐欺を暴露することによって、国民がみずから自由への意志をもつことができるように、『人間の権利』を〔詐欺の〕解毒剤として提供しているのである。

バークにたいするこのような複雑な議論をペインが提起した意味は、バークが強調する長年にわたる実践、伝統、また、過去の同意、および長期の時間的経過によって取得された権利は現在の世論を基準にして考察されるべきだ、と主張していることである。それらが正統性をもつのは、それが長期的に続いているからということよりも、このような意見が認められていたという重要性のためである。じっさいのところ、バーク自身はこのことを認識しており、かれの『フランス革命についての省察』は、エリートのあいだにある統治上の慣習や慣例にたいする支持を高めるために注意深く考案された企てであるとペインは指摘している。そしてこのエリートの支配は、全市民のうちの大半の人びと――「摂理の定めた運命のままにしたがって生きる人びと」（EB195）――による沈黙と服従とに依拠しているのである。であるから、『人間の権利』も、人民主権の原理を主張するだけでなく、主権者である公衆に直接的に訴えかけている。ペインは、意図的に人をだまし続けようとする欺瞞性を暴くことによって、また、読者の感情、偏見、習慣および慣行を利用したバークの呪文に対抗して、信仰のための唯一有効な基準である理性と証拠に訴えることによって、さらには、人民自身の「暗黙の同意」や黙認が既存の支配システムを支えていることに目を向けさせることによって、世襲制支持の意見の構造を破壊しようとする。既存秩序の正統性は、まさに人民のなかの支配的見解にすべてその根拠をおいている。そこでペインはこの〔世論という〕控訴裁判所に自分の著作を提出したのである。

主張の威力

ペインの人民にたいする訴え方に威力があったのは、その内容もさることながら、自分の考えを伝達する方法にもあった。『人間の権利』はその構想が注意深く練られ、巧妙ないいまわしを用いて、改革やフランスの大義を支持していた職人層や中産層の心をかきたてるように書かれていた。とはいうものの、『人間の権利』は、近代政治思想の古典作品とはいいがたいと見られており、したがって、好意的な批評家でさえその表現様式を「漫然とした、粗野な、かつ洗練されていない」と評しているのをみても驚くに当たらない（*Monthly Review* V〔1791〕, p. 81）。しかしながら、このパンフレットがペインの同時代人に与えた衝撃を考えるならば、このパンフレットの一見雑然とした外観も、その爆発力をそこねるどころか、それがバークにたいするペインの戦略の中心部分になっていることが認められるにちがいない。

ペインは、世襲制は政治的な詐欺行為・暴力・人民大衆の無知との混合から成りたっている、と考えていた。かれは、バークの『フランス革命についての省察』はいま述べた詐欺行為を維持しているエリートたちに訴えかけたものだ、とみなしている。そこで、こうした欺瞞を社会の中流階級や下層階級に向けて暴露し、それによって既存の政治秩序の正統性を掘りくずすために第一部は書かれている。力強く直接的なかれの散文スタイルや「漫然とした」語り口は、あまり教養がなく、政治討論の経験にとぼしい人びととのコミュニケーションを容易にするためのものであった。かれは読者の関心をひきつけ、議論の主眼を明らかに示すために、核心をついた短いことばをひんぱんに用い、そのあとにかれのねらいを詳述するためのより長い精妙な文を続けている。

「すべての世代は、それぞれの時期が要求するあらゆる目的をかなえる能力をもっているものであり、またそうでなくてはならない。そしてその要求に対応できるのは、故人ではなく、いま生きている人びとである。人間は生きていることをやめると、その権力も欲求もかれとともに消滅するのである。よって、この世にかかわることがらにはもはや関与しなくなるのだから、だれがこの世の統治者であるべきかとか、この世の政府がどのように組織され、またどのように運営されるべきかといったようなことを指示する権限はもはやもたなくなるのである」(I. 251)。

かれは、一ページにつき二、三回要点をくり返し、パンフレット全体をつうじてなんどもそれらに立ちもどる。かれは自分の主張を簡潔に示し、長いだらだらと続く演繹的推論を構築して示そうとはしない。かれは長いまえおきや前口上を述べることなく、ひとつの話題から次の話題へとあざやかに乗りかえる。このようにして、かれは読者に気おくれしないようにさせつつ、かれらの関心をひきつけておくのに成功する。このような方法によって、ペインは読者にたいし、かれの攻撃が成功し続けているような印象を与えるのである。ぶっきらぼうで、無作法で、平明な散文による自己表現をとりながら、かれは自分のことを、たんにふつうなみの知性をもった、また世の中についていささか経験がある気取らない人間であり、自分はただバークの考え方を常識という法廷に連れだして批判する人間だと、みせかけるのである。このような著者のもつイメージは、ペインが、バークの形而上学的傾向の強い諸観念をとりあつかうさいに役立っているのである。

「しかし結局のところ、王冠とよばれるこの隠喩はなんであるのか、いやそれよりか、君主政とはなんであるのか。それはものなのか、名前なのか、それとも欺瞞なのか。それはもっともらしい口実で国民から金を吸いあげるための『人間の知恵が生みだした発明品』なのか、それとも人間のあみだした悪巧みなのか。それは国民に必要なものなのか。もしそうであるなら、この必要の内容とは何なのか、それはどのような奉仕をするのか、その職務とはなにか、そしてその利点とはなにか。その価値は〔王冠という〕隠喩のなかにあるのか、それともその人自体

〔国王〕のなかに存するのか。王冠をつくる金細工人がその価値までもつくるのか」(I. 325)。

また、こうした手法によって、ペインは、バークにたいしてみずからを、革命をめぐる諸事件の公平な観察者として表現することができたのである。ペインは言う。バークの説明は、たんに「かれ自身の情念や偏見に合わせた話にすぎず、……バーク氏が自分の想像力をせいいっぱい働かせてえがいた絵画」でしかない、と。

さらにペインは、かれの読者たちが〔バークにたいして〕悪感情をもつような仕方で、バークの議論を引用している。ペインは「人間の生まれながらの尊厳」や人間の人格における名誉や幸福についてよくよく述べた一方で、バークについては次のように描写する。すなわちバークは、人間を、「気取った態度」、「幼稚さ」、「子供だまし」や「安ぴかもの」の魅惑につられ、社会における集団的な諸問題をどのようにとりあつかうべきかについては、自分で判断する意識も理性も欠いている存在であるとみなしている、と評しているのである(I. 286-7)。もしペインの読者たちがバークのこのような主張を容認するなら、かれらは同時に、自分たちは貧しくかつほとんど合理的な存在ではないことを受けいれなければなるまい。これにたいしてペインは、読者たちを共和国市民として政治の議論に参加でき、理性の法廷において不正を裁く権利を有する市民として遇するのである。とりわけ、ペインは読者を対等な者とみなして語りかけている。かれは、説得力があると思った論拠を読者たちのまえに提示し、皆さんは理性的な人びとであるから世襲制の詐欺を見抜き、みずからの自然権を十分に主張しうるはずだ、と伝えている。それまでは、公的教育をほとんど受けていない人びとは無教養すぎて、政治論議などという洗練された文明的な技法には参加できないとみなされてきた。しかしペインは、かれらがすぐさま理解できる方法で書くことによって、かれらにたいし、自分たちは政治討論に加わる能力も権利もある、と思わせることをはじめて可能にしたのである。そうすることでペインは、現に支配的な政治秩序――それについて討論できるようにすると同時に、それでよいのかどうかをたしかめるというふたつの面から――に正統性はあるのかどうかという疑問を〔読者たちに〕課したのである。

市民権への招待

『人間の権利』第一部では、ペインは、臣民である読者を市民へと変えることをもくろんでいたが、第二部では、かれは、かれらを革命者へと変えるようくわだてている。かれは、「ジョン・ブルの耳〔典型的なイングランド人の気質〕」(II. 1322)をもっていたから、統治における共和政システムの合理性とそのすぐれた実用性の両方を人びとによく理解させ、それらを、人民が〔主体的に〕判断できる不可侵の権利によって裏打ちしているのである。かれがこのようなメッセージを伝えることに成功したかどうかは、『人間の権利』のものすごい売りあげ――ひかえめに見積もっても、一七九三年までにその販売部数は一〇万部以上に達している――を見て、また政府がその販売を妨害する決定をだしたということからも判断できよう。

バークの『フランス革命についての省察』にたいする〔ペインの〕反駁は、「政治と歴史をなぞったもの」(RW24)と呼ばれてきた。しかし、こうしたとらえ方はまったく的はずれである。それはバークを不当に低く評価していることになるし、ペインが『人間の権利』で論じた確固たる理論的業績にたいしても適切に評価していない。それでは、〔両者による〕「フランス〔革命〕についての討論」は、たんに人間の権利と政治改革にかんする使い古された賛否論をもういちどおさらいしているにすぎない、といっているに等しい。しかしこの〔両者の〕討論は重要である。なぜなら、この討論から必然的にでてくるであろう主張と反駁の過程をつうじてこそ、まさに急進主義と保守主義の両者のもつ諸原理の多くが発展させられたからである。ペインは、〔『人間の権利』〕第一部において、世襲による継承権は存在しなかったということを示そうとしたと述べているが、それによってかれがたんに世襲権に代わる首尾一貫した諸原理を提供することにのみ関心があったとみなすならば、かれの企図やその政治闘争の性質を見誤ることになろう。ペインは、バークの主張とその理論が支持する〔政治〕制度の信頼性を破壊することを願っていた。これは幼稚なまねごとなどではなかった。すなわち、イングランド政府が、その正統性を主張するために依拠していた世論という枠組みを解体させることのできるひとつの教科書を生みだすために、ペインは、論争家、ジャーナリストおよび政治理論家としてのかなりの技術を駆使することを求められていたのである。自然権にかんするフランスの〔人権〕

宣言と、〔これを〕「軽蔑すべき紙くず」とするバークの自然権の拒否、というふたつの思考過程とその影響のもとで、ペインは、人民主権と民主的政府にかんする自然権にもとづく理論の大要をはじめて発展させることができたのである。ここ〔『人間の権利』第二部〕では、ペインがアメリカの諸著作のなかで書いたような共和主義的な教説や緊張はない。そして、この〔人民主権と民主政治論の〕大要は第二部においてはじめて展開され、そこでは代議制政府の諸原理や諸制度および目的についての徹底的な説明がなされることになる。

『人間の権利』第二部

『人間の権利』第二部およびそれに続くフランスにかんする諸著作において、ペインは政治理論にたいしてきわめて独創的な貢献をしている。『コモン・センス』と同様に、第二部は社会と政府の区別からはじまる。しかしこの点では同じだとしても、かれがひきだしてきた結論はかなり異なる。『コモン・センス』においては、理想の状態は過去にあり、そこでは必要があれば〔人びとは〕相互に結びついて社会を作るが、またその社会は悪徳によって腐敗することがないから、政府を必要としない社会である。これにたいし、ペインののちの諸著作においては、理想状態は未来にあり、過去はただ「人類共通の正しい文明」の発展によってしだいにそれに道を譲っていくにすぎない野蛮の時代とみなされる。人類共通の正しい文明では、社会は十分に繁栄しており、この社会はしだいに政府を不用のものとしていくのである。さらに、変革によって社会は進歩するというペインの主張は、ユートピア的な楽観主義によってではなく、経済的、社会的および政治的発展のあいだでの関係から説明される比較的洗練されたものとなっている。ペインは、人間は生まれつき社会的であり、共同の利益と相互依存によって結びつけられていると考えていた。「共通の利益はかれらの営為を規制し、かれらに法をつくらせる。そして共通の慣習が定めるこの法は政府のつくる法律よりも大きな力をもつ」(I. 357)。このような社会性と相互依存性とは自然的なものである。なぜなら、人間の欲求をかれらの力以上に大きなものにしたのは、自然そのものだからである。

「何人《なんぴと》も社会の助けなくしては自分自身の欲求を満たすことはできない。そしてこれらの欲求は各個人に影響を与えて、重力が中心に向かって作用するのと同じように、自然と諸個人全体を社会へと向かわせるのである。しかし、『自然』はそれだけにとどまらない。自然は、各人が相互に援助して満たすことのできるさまざまな欲求によって、人間が社会〔の形成〕に向かうようにするだけでなく、人間のなかに社会的な愛情というひとつの装置《システム》をも植えつけた。これは人間の生存には必ずしも必要ではないが、人間が幸福に生活するうえでは欠くことができないものである。このような社会的愛が作用しなくなることは人間の生涯をつうじてけっしてないのである」(I. 357)。

政府は必ずしも必要なものではない。たしかに「人間は生まれつき社会的な動物であるから、人間を社会外に放りだすことはほとんど不可能である」(I. 358)。人間の安全と繁栄は、政府に依拠しているというよりはむしろ「無数の通路をとおりながら、文明化された人間の集合体全体を活気づける、やむことのない利益の循環」に依拠しているのである。そして社会が発展すればするほど、政府はしだいに余計なものとなっていく。

「文明はより完全になればなるほど、それ自身の問題を調整し、自己統治をすすめていくので、政府のでる幕は少なくなっていく。……社会におけるすぐれた法のすべては自然法である。貿易と商業の法は、諸個人間の取引にかんするものであろうと諸国民間のものであろうと、相互の互恵的な利益についての法である。人びとはこの法を守り、遵守する。なぜなら、そうすることが当事者たちの利益になるからである」(I. 358-9)。

こうして社会は事実上自律化し、また自己規制を果たしていく。そこでは諸利益の作用は理性と社会的な愛情を混合するから、安定した社会秩序をつくるうえで大いに役立つのである。商業はこのような秩序をもっとも完全にあらわしている。なぜなら商業は「諸個人と同じく、諸国民のあいだで相互に役立つようにさせることによって」全人類を結合させるからである(I. 400)。加えて、商業は摂理〔神の意志〕によっても承認されている。

「……自然は、二人のあいだ〔諸個人間〕での取引で意図されている法則と同じように、すべての人びとのあいだの取引でもそうなるようにしている。この目的をはたすために、自然は、一国民や世界の各地に、製造業者たちや商業上に必要な原材料を分け与えた。そして自然は、この原材料が、戦争によっては、商業によるほどまでには安価にあるいは都合よく手に入ることができないように、それによって商業を戦争根絶の手段としたのである」(I. 400)。

社会が、商業の発展をつうじて野蛮から「普遍的文明」へと進化するという新しいテーマは、〔ペインの〕『レナル師への手紙』(一七八二年)〔この著作は、一七八一年にロンドンで出版されたフランス人ギョーム・レナル〔一七一三―九六〕の『アメリカ革命』の英訳本に、事実誤認や偏見があったので、これを正そうとしたものである〕においてはじめて問題提起され、ヨーロッパの諸国民は革命を起こすのに十分なほどに成熟しているという、ペインの新しい主張を実質的に支えていたのである。

ペインは、国家とはそもそも武装集団――より具体的にいえば「残忍な強盗団」――からはじまったと考えていた。かれらは土地に家畜を放牧する羊飼いや牧夫から貢納をとり立てるために強大な暴力を用いる。そしていったん確立されると、この集団は力を権利へと転換させようとする。こうして「強盗団の首領は、強盗という名を君主という名にすりかえることをくわだてる」(I. 361)。没収された人民の富は宮廷の奢侈のために使われ、それによって国王はかれの地位をおびやかす人びとを買収したり、かれの帝国〔主義〕的野心のためにその資金を用いるのである。略奪は合法的な歳入の獲得というようにいいかえられ、暴力の独占は世襲の権利という主張によって隠蔽される。そしてこの制度は、原理を欠いたままの状態、つまり「戦争と搾取の状態をとり続ける制度」となる。なぜなら君主政は、権力、威信、歳入を求める間断のない闘争を続け、戦争はかれらの政策を遂行するための共通の道具となるからである(I.

399)。しかし、そのような「長期にわたって蓄積された妨害と圧制の重圧」にもかかわらず、きわめて奇蹟的なことに、まったく神の摂理によって農業、製造業、商業などの平和的な技術が徐々に発展していったのである。それは、「動物的本能は社会と文明の諸原理が人間に作用するほど強い衝撃をもって働くことはない」（I. 363）ということを証明している。こうした平和的な技術が発展するにつれて、社会と世襲的政府とのあいだの緊張、人民の利益と宮廷の利益とのあいだの緊張はしだいに明白になり、世襲的政府の詐欺がしだいに明らかとなるのである。それればかりか、ペインはその国家的詐欺の実態を明らかにして倦むところを知らない。「それ［世襲的政府］は、人の精神の水準を押し下げる制度である。それは、いかなる性質の者であっても同じ権威をえることができるように無差別に認めている。悪徳と美徳、無知と英知、要するに、良かろうと悪かろうと、あらゆる性質の者が同一水準におかれるのである。国王は、理性をそなえた者としてではなく動物として、次から次へと継承する。……自然は世襲制度を否認し、それを奇形・変種とみていること、いかなる国をみても、継承者の精神の性質は人間の理解力の平均にも達していないこと、ある者は暴君、ある者は白痴、ある者は精神異常者であり、またなかにはこの三つのすべてを兼ね備えている者もいることを知るならば、このような世襲制度に信頼をおくことはできない。……ふつうの機械工になるさいでも多少の才能が必要であるが、国王になるには、ただ動物としての人間の形さえそなえていれば、つまり呼吸する自動機械でありさえすれば、それでいいのである」（I. 365-6）。

国王たちが生まれつき悪者だというわけではない。社会におけるかれらの地位が君主政のもつすべての悪徳とうぬぼれを助長するにすぎないのである。かれらは自分を上位者とみるように育てられているので、他者に共感する能力はけっして発達しない。「われわれを思いやりのある慈悲深い者にするのはなにか。それは共感つまり隣人の立場にたつことのできるわたくしの能力ではないのか。君主は共感などもつことはできないであろう」。まちがいなく、ペイン自身の君主にたいする共感は――ルイ一六世の裁判や処刑についての討論に参加したかれの仲間とくらべれば、ペインの王への思い入れは相当のものであったようだが――きびしく限定されている。一般市民としての〔国王への〕従属にたいするかれのいきどおりは燃えたぎったままであった。「貴族がわたくしに求めてくることは、わたくしがかれの出自にたいして優越性を認めよ、ということだけである。一方、国王はわたくしに服従を要求する。貴族の意見は可愛らしくて笑ってしまうが、国王には踏みつけてやりたい気分になる」(II. 545)。

これらのことは新しい人間観のあらわれである。すなわち、主人への依存から解放された、自己の利益を追求し、市場において自分の才能を発揮する自由をもっている人間、自分自身の価値観でものごとをはかり、平等だけを認め、自分自身の判断で自分が適当だと思うとおりに実行する人間である。社会がこのような人民を市民とする時代がくるとすれば、国王の時代はもはや余命いくばくもない。ペインは、労働の分配とその帰結である商業の発達を、世襲制の欺瞞を見抜き、それを代議政体におきかえることのできる、教養ある独立した市民の発展に結びつける因果関係についての理論を十分には展開していない。しかし、いま述べたような理論は、じつはかれの後期の著作全体をつうじて暗示されているのである。かれは、アメリカ革命とフランス革命がたんに世論の普及化の結果、成功したとみなすほどには幼稚な人物ではない。代議制度が明白に合理性をもつものであることは、それが受けいれられればすぐわかることだが、ペインはそのことよりも社会的・経済的変化のほうが新しい時代を描くための道を用意するうえで重大であるということを十分に認識していた。もしそのことを認めないとしたら、われわれはかれの政治理論家としての洗練された素養を過小評価することになるであろう。

代議制民主主義

『人間の権利』とその後のフランスにかんする諸著作において、ペインはまず普通選挙にもとづく代議政体を求める主張を展開している。しかし代議政体は、西洋世界においては現代生活の大部分を占めているので、ペインの主張がアメリカにかんする著作で述べていたような古い共和主義〔直接民主政〕的枠組みから成り立っているという事実を、われわれはとかく見逃しがちである。しかしペインは、権力があらゆる市民の自由、安全および福祉を促進するためにもっとも確実に行使されるのはどのような統治制度のもとであるのか、という視点から政治問題を定式化しているのである。君主政と貴族政はある個人やある階級の利益になるようにと力と欺瞞を用いて支配するので、必然的に人民の利益に反するから非難を受けるが、直接民主政はそうした不利益をもたない。広範な政治参加と公開討論があるところでは、英知が必然的に支配的な立場を占め、賢明な政府はつねに公共善を追求するので、直接民主政はよき統治をもたらす。直接民主政は原理的には健全であるが、実践段階では必ず堕落する運命にある。なぜなら、よき統治は人口を増大させ、人口が膨大になると、直接民主政は実行不可能になるからである。古典的民主政は、それが拡大するにつれて君主政的な専制か貴族政的な専制に堕してしまった。しかし、代議政体だけが、領土や人口が増大しても、直接民主政の諸原理と結合可能である。この統治制度〔代議政体〕こそが、国家の規模がどうであれ、「あらゆるさまざまな諸利益を包括し、連合させることができる」(I. 371) のである。

このような定式化は、代議政体を、共同体内におけるさまざまな利益を統合し増進する手段としてとらえるわれわれの現代的〔政治〕概念と類似しているかのようにみえる。しかしこの考えはあやまりである。なぜなら、政府をせいぜい必要悪とみて、専制的権力の行使によって市民の自由と安全をおびやかすようなもの、また〔その統治が〕公益に向けられる場合にのみ正統なものとみなし続けているかぎり、ペインは共和主義的な分析枠組みを保持していることになるからである。代議政体は、政府がいかなる特殊利益をも追求しないということを確証するかぎりでのみ、ペインによって評価される。そしてこのような条件は、英知と徳とが公共善に向かうように権力を支配し行使するときに満たされる。ペインはしばしば法を一般意志のあらわれとして述べているが（II. 546）、代表者による支配が人民主権を直接あらわすものだとは考えていない。代表とは信託であって、代表者の諸行為とかれらが可決した法は一般意志と一致しているかもしれないし、一致していないかもしれないという考え方には、かれはあまり重きをおいていない。たしかに、ペインの代議政体にかんする議論の大部分は、この信託が悪用されないことを最大限に保証するような特定の仕組みとはなにかについてのものである。憲法を評価し、改革するために、ひんぱんに選挙をおこない、定期的に人民会議にかけることは、代表者がその任務を遂行するのを助ける。他方で、討議中における議会での意見の不一致も、代表者が入念かつ平穏裡に問題を検討するので、軽率な決定がおこなわれないような保証を与えるのである。〔ペインが〕すべての法は定期的に見直されることがよいとするのは、ひとつには、ある世代が後継世代を支配することに反対するペインの立場（それは、新世代が先行世代の決めた法に同意するか反対するかという選択肢をもつことを求めるもの）からでたものであるが、もうひとつは、政府が現在の国民の英知にしたがうようにするために企図されていたのである。しかし、この立場は『人間の権利』では強調されてはいないが、ペインのフランス〔革命〕についての諸著作をみると、かれが、専制的な政府にたいするもっとも有効な防衛手段は普通選挙である、という見解をもっていたことは明らかである。

人民のうちの一部の人びとからのみ選ばれた政府はその一部の人びとの諸利益しか配慮しないので、公共善を追求することからはずれるのは避けられない。さらに、ある男性には投票権を認めない（そこでは不条理にも女性に投票権が与えられないのは当然のこととされている）ということは、「〔投票権を〕排除された人びとの人格に烙印を押したことになる。そして共同体のいかなる部分に属する者も、ほかの部分の人びとにたいして〔投票権を否認することを〕宣告する権利をもっていないのである」（II. 579）。自由は各人に権力を行使する平等な権利を与えることによってのみ維持されうる。なぜなら、一人の人間から投票権を奪うことはかれを奴隷の地位におとしめることであり、また「奴隷状態とは他者の意志に従属することをいい、したがって代表者の選出において投票権をもっていない人はこの立場にある」（II. 579）からである。（ペインが女性の投票権に同意していない点については、歴史的流れのなかでは理解しうるが、けっして擁護できるものではない。ペインは自然的不平等の唯一の形態は両性間の不平等にあると述べているが、かれが、女性は生まれながらに奴隷的な存在である、というような論理を受け入れているとはとうてい思えない）。さらにペインは、投票権をもつということは、同時に〔法に〕したがうべき義務を負うことに同意している、ということを述べている。そしてその逆もまた真なりである。「人びとを投票権から排除することは可能であるが、そのような排除にたいして抵抗する権利までは排除できない。そして、あらゆるほかの権利が奪い去られたときに、この抵抗権はその力をいかんなく発揮することになる」（II. 580）が（女性はこのことばによって気をとりなおすことができるかもしれない）。財産資格による選挙権は不正である。すなわち、富と英知は必ずしも合致しないから、そのような選挙権は正しくない。それは共同体の一部の人びとに残りの人びとを犠牲にしてでもかれらの利益を追求する権力を与えるから、そこに不和が生じる。また、人間の自由は、もっぱら自分の財産権の保護にあるのではなく、より根本的には自分の人格を保護する権利に存するのであるから、それ〔財産資格による選挙権の賦与〕は不正である。またペインは、労働する能力はそれ自体ひとつの財産であって、それ以外のいかなる形態の財産と同じように重要であり、また代表権および選挙権を要求する基礎としても重要である、と主張している（II. 581）。

代議制民主主義におけるもっとも中心的な問題は、人民と政府とのあいだで、相互の利益が衝突する可能性があるということである。そのような衝突は、特定の諸個人、諸集団あるいは諸階級が政治権力に近づく特権を手に入れようと、またこの特権を自分たちの目的のために行使しようとする場合に起こる。しかしそのような腐敗行為がなければ、〔代議制民主主義では〕人民の共通利益のほうが人民を分裂させる利益よりもつねに重要視されているであろう。代議政体にかんする現代の多元主義理論においては、政府は社会のさまざまな部門や団体がもつ特定の利益にこたえ、またそれを集約し、ときには促進する。しかしペインはこのような見解を嫌う。かれは統治における派閥や党派の影響をくりかえし非難している。代表するとは他者の目的〔利益〕のために働くということである。各個人は万人の平等な権利〔実現〕を守るために代表されなければならない。平等な権利という考え方のもとで、統治は多数決原理をとる。しかしまたペインの多数決原理の理解は共和主義的伝統の影響を受けている。したがって多数決原理は討論の力による支配を意味する。多数決は〔数の論理によって〕自動的に正当なものとはならない。正当性はある特定の政策を大多数の者が最善であるとして選んだという事実からでてくるものではない。多数決原理は明白な決定手続きをとったという固有の価値をもっているが、人民のうちの大多数の者が公益を認識できるという場合にのみ好結果をもたらすにすぎないのである。しかしながらペインは、人民の英知に信頼をおくという点では、共和主義的伝統とは異なる立場をとっている。それゆえ「世界中のいかなる国においても、最大多数の人びとが利益を求める傾向にあるのは、悪というよりもむしろ善の方向にむいており、その必然的な結果として、統治の学問はいまではわれわれの考えがおよばないほどの完成された高水準にまで達するにちがいない」(II. 531)。公共善は理性と経験によって決定されるのであって、数の多さによってではない。多数決原理と代表制は、政府を人民全体の利益と結びつけるためのもっとも安全な方法にすぎないのである。個々の諸利益が公的権力を求めて正当に争いうるような統治の領域などはないのである。「社会」こそが、商業という〔人びとのあいだにおける〕調和をもたらす制度をつうじて、個人がその利益を追求する場なのである。したがって「政府」の最小限の役割はこうした制度と市民の平等な権利を守ることにあり、政府がその場に参加することは意図されていないのである。政府と代表制にかんするペインの主張の要点は、社会および商業の統合的効果について述べた次の説明をみればわかる。

「個人および社会全体の安全と繁栄は、社会と文明にかんする偉大な根本原理——無数の水路をとおって文明人の全集団を活気づける、利益の間断なき循環――にかかっている。そしてこの利益の循環は、きわめてよくつくられた政府がなしうるどのようなことよりも、無限に多くのことをなしうるのである。文明がより完全に発展すればするほど、政府は必要とされなくなるのである」(I. 358-9)。

このような考えはあまりにもユートピア的かつ素朴すぎる考えのように聞こえるかもしれない。だがペインは、合衆国の統治形態、会議〔の在り方〕、憲法およびその明白な長所について言及するさいにはしばしば、読者にたいしては、自分の主張は実践的経験にもとづいていると説明している。アメリカは正当な方法によって政府を設立したというかれの説明どおりの国であり、社会がそのような方法によって統治されうることも示している。第二部は、アメリカを、フランスがめざし、またイングランドが、もしも腐敗した宮廷とこれを許容している貴族階級が妨害しなければ、追求していたであろう理想〔の国〕としてえがいているのである。けれども、ペインの読者は、かれが結果として起こるとしていることを疑うべきではない。「わたくしは、君主政も貴族政も、ヨーロッパの啓蒙された国であればどこででも、あと七年以上はもたないであろうと考えている。もし君主政も貴族政も、それらについての反対論よりも賛成論の理由をあげることができれば、存続できるかもしれない。でなければ、それは存続しえないであろう」(I. 352)。そのあとペインは次のようにいう。「現代は、今後、理性の時代と呼ばれるであろうような時代であり、現在の世代は、未来の世代にとって新しい世界のアダム〔人類の始祖〕となるであろう」(I. 449)。このようにアメリカをひき合いにだすことによって、ペインは、共和主義制度がのぞましいし、読者もまたそれを理解できるであろうと強調しているのである。一七九〇年代の一般市民は、ペインの『人間の権利』を必ずしもユートピア的だとは思わなかったであろうし、逆に、おそらくはきわめて実現可能なものとして受けとめていたであろう。

革命の大義

「普遍的文明」の発展というペインの新しい説明は実質的にはかれの革命理論と密接な関係にある。革命的変革についてのペインの初期の分析――革命とは、いわばロック的な、市民との信託を破り専制的にふるまう政治的権威にたいする抵抗のこと――は、当時すでに一般的に受け入れられていた。したがって、革命とは文明社会を創設した契約の諸原理にたち返ることを意味した。フランス革命にかんするペインの見解のうちいくつかはこのような趣旨であるが、そこには、それとはやや異なった考え方もみられる。たとえばペインは、フランス革命とは「ルイ一六世〔個人〕に反対してではなく、政府の専制的な『原理』に反対して」起こったものであると主張しているが、これは、啓蒙された市民は諸国民内および諸国民間における商業の増大と普及とともに発展する、というかれの新しい発想の一部として理解されるべきである。

人びとは自分たちの利益をこれまでになくきちんと把握しているので、もはや詐欺まがいの支配など受けることはありえない。すでにみてきたように、たんに、理性が世界中に不可避的に普及すればこのような発展がもたらされる、というわけではない。代議制民主主義はヨーロッパ中の専制にとって代わろうとしていて、これはたしかに専制よりも合理的な制度であるが、ペインはそれだけではなく、経済的・社会的な力が旧秩序の非合理性を暴き、それが知恵と美徳を身につけた人びとによる政府、人間の自然権・市民権に立つ政府の成立への欲求に火をつけるのだと説明しようとする。こうしてかれは、革命とは各社会の社会的・経済的下部構造が発展することから生じた歴史をすすめるための政治変革であると説明するようになる。これは、いわば革新的な革命の近代的概念であるだけでなく、通常ペイン的なものとして認められている理論よりははるかにペインらしい政治社会的な変革理論であった、といえよう。

しかし、このより鋭い〔変革の〕理論は必ずしも明白ではなく、その多くは暗示的に述べられているだけだが、ペインは『イングランド財政制度の衰退と崩壊』（一七九六年）のなかで、革命にさいして機能する、より重要な原因としての力について、かなりまとまった形での分析をおこなっている。そして、ここでいま問題にされている革命はイングランドに起こる、とかれは予示しているのである。かれの分析は、リチャード・プライス〔一七二三―一七九一〕やアダム・スミス〔一七二三―一七九〇〕が提起した、イングランド政府が国債の資金をまかなう制度は最終的には国家を破産させるであろう、という見解を出発点にしている。スミスは、一六八八年以来続いてきた戦争（ペインはこれをハノーヴァー朝の王位継承の直接的な帰結と見ている）によって累積した負債が、最終的には利息の支払いという負担を国民に負わせたもので、たとえ課税によってその利息を支払うことができたとしても、元金の負債を減らすことにはならないとみていた。そのうえ、負債の帰結としての重課税は、不可避的に生産能力の発展をさまたげてしまい、結局のところ、重い負債を背負っている政府は返済の不履行を余儀なくされるか、大幅な通貨の平価切り下げを強いられるかである、とスミスは主張していた。

ペインは、このスミスの考えに影響を受けながらも、この考えはさらに発展させることができる、と考えていた。〔重課税は〕最終的には〔国家の〕破産を招くだけでなく、現行制度においても一定期間を超えては存続できない、とペインは確信していた。こうしたかれの主張は、フランスとアメリカの公的信用と紙幣制度の経験から述べられたものである。フランスもアメリカも、その負債とまったく同じ程度の紙幣（合衆国では大陸通貨、フランスではアシニャ紙幣）を発行し、そのため両国ともに急速なインフレに陥ってしまった。なぜなら、通貨供給が流通に必要な量を大きく超過してしまうために紙幣価値が下落し、両国ともに紙幣通貨が市場に過剰に供給されていたために、額面どおりの価値で交換されなかったからである。これとは対照的にイングランドにおいては、政府は、負債の元金額の価値に合わせるのではなく、支払われるべき利息の価値に合うだけの量の紙幣を発行していた。もしも元金額（四億ポンド）が紙幣として発行されたとしたら、紙幣通貨の価値は急落したであろう。利息の価値（総額の約五パーセント）にのみ合わせて紙幣を発行することによって、政府は急激なインフレを避けてきたのである。しかしペインの主張によれば、インフレは先に延ばされただけであって、回避されたわけではない。かれは利率を五パーセントと推定して、イングランドの貨幣制度が破綻する割合を、アメリカやフランスにおける経験から推測して二〇分の一であろうとしていた。「イングランドにおける紙幣量の累積はすべての新規公債の利息の累積に比例している。それゆえ、崩壊へ向かう過程は、元金分の紙幣が発行されすぐに流通した場合よりも〔その速度は〕二〇倍ほどおくれる」（II. 654）と。

かれはまた、国債（ほとんど対外戦争によって生じるが）が増大する割合には一定の比率があると主張している。イングランド宮廷は一六八八年から一七九六年のあいだに六回の対外戦争をおこなった。最初の戦争の末期には国債は二一五〇万ポンドに達した。一七九六年までに、すなわち六番目の戦争にいたる三年のあいだに、それはまたたくまに四億ポンドにまで迫った。ペインは、負債は、各戦争ごとに一倍半の割合で増大し、この割合は事実上、経済学におけるニュートンの法則のようなものである、という。したがって、財政制度とその管理の衰退は落下する物体から導き出されるのと同じ種類の法則にしたがうことになる。この法則は紙幣通貨の価値と量から説明されているが、紙幣がより多く発行されればされるほど、通貨の購買力はその額面価値は減じなくても縮小するのである。だから、戦争の実質的な費用がほぼ同じぐらいのものであるかぎり、負債の利息を払うために紙幣通貨を用いるインフレ効果は各新規公債の額面価値の増大を意味するのである。また、各新規の公債は流通する紙幣通貨の量をさらに増大させるので、負債の規模が必然的に拡大する。ペインは、一七九六年までの通貨の価値の下落はほぼ八対一程度であったと計算している。これは、フランスのアシニャ紙幣そのものが一七九六年の二月に完全に崩壊するまさに一年前に示した比率である。そのとき、イングランドに期待できることは、利息の価値に見合った紙幣を発行することから帰結する、よりゆるやかな衰退速度を考慮に入れるならば、その財政制度はなんとか二〇年間は続くであろう、ということである。そして、紙幣から金銀に移行するときに、それ〔インフレ〕は終息するであろう。紙幣と正金との等価が実施されていなかったアメリカとフランスでは、銀行の破産は致命的なものではなかった。しかし、財政制度が紙幣と正金との等価に依存していたイングランドにおいては、それ〔銀行の破産〕は致命的であったろう。政府は紙幣による支払いを一時停止しなければならないであろう。それは財政上の危機を招き、それがやがて統治における部分的あるいは全体的な革命をひき起こすであろう。ペインにとって、「公的信用とは疑念をかかえた制度である」(II. 622)。そして、いったんその疑念が明らかにされれば、そのような不信は、戦争を支えるために〔人民を〕だましてきた統治制度が除去されたときにはじめて、減ずるであろう。

　しかし、ペインの分析は多くの弱点をもっている。かれは、負債を支える国力を査定するさいに、生産力の増大と国民所得のもたらす効果を考慮していない。また戦争の実費はほとんど不変なものと推定している。さらにペインは、正金支払いの停止はイングランド人民にとって政治制度全体の破綻をもたらすとはっきり述べている。しかし、このような欠点があるにもかかわらず、その理論はまったく不合理だとはいえない。スミスの著作をみてもわかるように、この理論的前提は当時としてはけっして異常なものではなく、その結論にいたる議論は首尾一貫している。さらに、それ〔結論〕は、君主政支配が好戦的な性格をもつ、というペインの説明とうまく適合している。商業が発達するにつれて、君主たちはかなりの国債を背負い込まなければ対外戦争を継続することができなかった。戦争維持に要する現金をえるために過酷なまでに高率な税を課せば、社会的不安と国からの資本逃避をひき起こし、そのため高利息の公債〔の発行〕を余儀なくされることが予想される。このようなヨーロッパにおける宮廷支配とヘゲモニーの追求にともなって生じる負債を支えるための商業や銀行業の制度は、短期的には有効であろう。しかし長期的にみれば、戦争が拡大するにつれて生じる負債の増大を制御することはできなくなり、財政の危機および正当性の危機という種子がまかれることになる。したがって、限定つきではあれ、この〔ペインの〕洞察力は理論的にすぐれたものであるといえよう。

また、このパンフレットはみごとな反論書であって、ピット政権の支柱をきびしく攻撃している。ピットは、一七九五年に「さるぐつわ法〔発言禁止法〕」を制定し、また、人身保護法を再三再四停止し、チャールズ・ジェイムズ・フォックス〔一七四九―一八〇六、アメリカ独立戦争、フランス革命を支持、ピットの対仏政策を非難〕が急進主義者とホイッグ内同調者にたいする「恐怖支配」とよんだ政治を開始することによって、国内の急進主義の主要勢力を鎮圧することに成功した（AG390）。このような手段によってピットは、一七九五年と一七九六年に「平和とパン」の要求運動〔深刻な食糧危機により不満が頂点に達した群衆が国王への投石をおこなった事件〕が起こり、また一七九七年には海軍における一連の反乱に直面したこの国を統治し続けることができたのである。しかし、いかなる政府も抑圧だけに依拠することはできない。もしこの国の財界や政界のエリートたちの支持がなければ、ピット政権はおそらくは他の多くのものとともに瓦解していたであろう。なぜなら、この政権は公的信用つまり公衆の信用とその通貨に依存していたからである。ペインがなそうとしていたことは、このイングランドの財政家たちの信用をゆさぶることであった。かれは当時の金融界で一般的にいわれていた議論と前提を用い、国債によって国が破産するのではないか、という当面の恐怖心を利用している。それにより、かれは、少なくとも政府の借り入れをより困難なものにし、戦争にさいしてのイングランドの立場を弱めることを目ざし、うまくいけば、銀行の取付け〔経済界の不安のために、預金者が銀行に殺到して預金の引き出しをすること、いわゆる取付け騒ぎのこと〕までをもねらっていたのである。このパンフレットは、銀行の取付けが不可避のようだとみせかけることによって、それを避けられなくしようともくろんでいたのである。一七九七年二月の金融危機は、ペインのはたらきのせいだと認める（責任を負わせる）かどうかに関係なく、われわれは、かれがイングランド財政制度上の欠陥の主要部分を認識していたことは認めるべきである。もし取付けが二年早く、すなわち食糧危機、拉致まがいの強制徴募、および戦争反対の暴動のまっただなかで起こっていたら、フランスとの戦争はおそらく沙汰やみとなっていたであろうし、ピットが一般大衆や政界・財界のエリートたちの信用をつなぎとめておくことができたとは考えられない。

革命的暴力

ペインはたしかにまちがいなく革命家という名に値する人物であるが、かれは、革命達成の目標のために暴力を用いることはけっしてこころよしとはしなかった。新秩序は人びとの利益の調和と理性と人間の権利の擁護を基礎にすべきであり、それは世論がそれを理解できるようになったときにはじめて導入されうるのである。一七八七年の著作において、ペインは次のように述べている。

「もしも政府が人民に自由を与えたとしても、あるいはそうしたいと切望していることを示したとしても、この申し出はおそらく拒否されるであろう。……こうした欲求は大半の人びとの支持から生まれるものであって、このような考え方が全般的なものになったときにこそ、それによって生じる国力と国の威信をもっとも有効に強化できる重要な機会となる。それなしには、そうした事態はけっして生じないのである」(II. 634)。

しかしながら、革命の進展につれて、ペインは、革命を起こした人びとはたんに世論を反映してそうしたというよりはむしろ、かれらが必然的に世論を導いていたということに気がついた。したがって「革命によって、万人が同時に、自分の意見を変えることができるとは考えられない」〔とペインは言う〕。たしかにペインは、革命の指導者たちが正義と自由を求めてやまない気持ちに動機づけられていた、ということは認めている。

「〔革命の指導者たちが〕事情によっては原理よりも専断的な権力の行使を自分たちに認め、またそれを続けるならば、自由はけっして確立されないであろうし、確立されたとしてもすぐに打ち倒されるであろう。……これほどまでに文句なしの明白な真理や原理はこれまで出現したことがなかったので、すべての人がこれをただちに信じたのである」(II. 587)。

しかし、ここでのかれの論旨は革命行為を抑制することであって、正当化することにあるのではなかった。

「〔革命という〕時と理性は、いかなる原理を最終的に確立するにさいしても相互に協働しなければならない。それゆえ、たまたま〔革命原理を〕最初に確信しえた者は、確信をいだくのに時間がかかる他の者たちを迫害する権利はもっていないのである。革命の道徳的原理とは人びとを教導することであって、人びとを抹殺することではないのである」(II. 587)。

『土地配分の正義』においては、かれはまた革命政府と国民の「文明状態」とのあいだにひそむ潜在的な乖離を見抜いている。かれはそこでも、「文明」のなかの革命は、すべての市民が自然権、市民権、および社会権を保障されている場合にのみ発生しうると主張している。

真の革命政府は市民の権利を保障することによって、市民を平等なものとしてあつかい、それによってかれらの忠誠心を獲得する。したがって、権利が不平等なところでのみ反乱が起こるのである（II. 588）。代議制政府は普通選挙をつうじて選ばれ、権利の保護にかかわるのであって、暴力を用いることは許されない。フランスの誤りは、一七九三年一〇月に革命政府を宣言した――「〔これは〕原理も権威もない行為である」（II. 588）――まま、適切な権力形態を構成しなかったことである。その結果として生じた恐怖〔政治〕とは原理にもとづく統治ではなく、一党派の意志による統治であった。すなわち、アメリカ革命とアメリカ憲法の樹立は革命の真の諸原理を確証する例であるが、フランス革命は革命のみせかけを装った専制の場合もありうるということの警鐘となるにちがいないのである（II. 683 参照）。

人民の福祉

ペインが平和で調和的な商業制度を信用し、人間の自然権および市民権の厳格な擁護を求め、また最小の政府をよしとする主張をしているのをみると、かれが自由放任主義的あるいはリバータリアン的とさえいえる政府概念に親近感を寄せていたことがわかる。しかし、かれの著作全体を見るならば、かれが社会の貧困層に深く心を砕き、また政府はかれらにたいして大きな責任があると考えていたこともわかる。こうした配慮にかんしていえば、かれはのちの社会主義者たちとその考えを共有しているといえようが、貧困の根本的な原因は経済制度よりはむしろ政治制度にあると見ていた点でかれらとは異なる。浪費的かつ好戦的な宮廷の奢侈・費用を支えるために徴収される重税、とりわけ日用品への課税、長子相続制や宮廷の官職任免権の結果としての少数者への富の集中は、きわめて大多数の人びとがいくら〔勤勉に〕労働しても生活が維持できないほどの過度の貧困におとしいれてきた。『コモン・センス』において、かれはアメリカとヨーロッパの貧困層をくらべて、アメリカの貧困層のほうが現実の条件においてはるかに裕福であること、それゆえ、欠乏から守られていることを強調している。また、不平等は人びとのさまざまな生まれながらの能力にも起因すると述べている。かれはこの後者の意見を、のちのフランス〔革命〕にかんするパンフレットのなかでさらにくわしく述べている。

「たしかに、財産《プロパティ》は、つねに不平等である。勤勉、才能にすぐれていること、処理能力にすぐれていること、徹底した節約、幸運な機会〔に恵まれること〕、あるいはそれらとは正反対のもの、もしくはそれらの手段は、貪欲や抑圧といった不愉快で耳ざわりな名称を用いなくとも、つねに成果を生みだすことができるのである。それ以外にも、人びとのなかには、富を軽蔑しているわけではないが、それを獲得するために身を落としてまで骨の折れる仕事やそのための手段にあえて手をだすことはしないという人もいる。……他方で、法すれすれのあらゆる手段によって富を手に入れようとする欲深い人びともいる」(II. 580)。

ペインは自由な交換の原理を暗に認めているが、このような見解のほかに、『人間の権利』

と『土地配分の正義』において、累進課税によって資金を調達する、公的福祉と社会保険の制度についてくわしく述べている。このような課税は明らかに私有財産の蓄積について制限することを提案しているもので、このような提案と主張がペインのいわゆる代議制によって統治される理想社会の骨子である。しかしそのことはまた、かれの財産権についての概念がかれの以前の諸著作とは大幅に変化していることを示すものである。

第二部における福祉制度についてのペインの提案は、新しく形成される代議制政府がイングランドの財政問題をどのように処理していくかを説明している部分である。ペインは、宮廷は過剰な浪費ゆえに廃止され、イングランドはフランスおよびアメリカと同盟を結ぶものとされている。この同盟によって軍事資源の共同出資がなされるので、イングランドは陸海軍の常備編成の費用を削減できるのである。このような措置だけでも、現在の政府支出は（国債の利子支払いを別にすれば）約七五〇〇万ポンドから一五〇〇万ポンド（それでもアメリカの政府支出額の六倍もある）に減少するであろう。もっとも、ペインは、六〇〇万ポンドの税の削減よりはむしろ、税制改革と結びついた一連の福祉費〔の捻出〕を提案している。教区ごとで徴収され、とくに中流家庭に重い負担を課す現行の救貧税は、税金によって資金を調達する国家の貧民救済制度にとり代えられる。そして計四〇〇万ポンド（教区で支出された額の二倍）は、次のようなさまざまな手当に用いられる。すなわち、それらの費用は、子供が「読み書きと簡単な算数を習うために」学校にかよう場合にのみ支払われる児童養育手当、五〇歳からはじまり六〇歳で満額年金に達する、老齢の貧困者にたいする補足給付、出産給付金および死亡給付金の制度、および必要とされるすべての人びとの教育制度に用いられる。それでもまだ、ロンドンの浮浪者にたいする宿泊施設と雇用のための費用を提供するだけの資金は十分に残っているはずである。残りの二〇〇万ポンドは、除隊した水兵〔海軍軍人〕と兵士〔陸軍軍人〕のための補償金と、その後も軍務に残る兵士にたいする増給分として支給されるものとなる。除隊した人びとの人数が死亡によって減少するにつれて、ホップや石鹸やろうそくなどのような基本的な日用品にたいする課税は減税されうるであろう。さらに税収のうちの五〇万ポンドは、一七六六年および一七七九年法のもとで課せられた窓税〔窓の数を住宅の大きさの目安として各住宅の窓の数にあわせて課税されたぜいたく税〕の撤廃によって生じる〔欠如〕分を穴埋めするために用いられる。ただし、残りの一〇〇万ポンドは予備金としてとっておくものとする。

その後、ペインは税制改革に注意を向ける。かれは、ピットが一七八四年に制定した代替税法〔茶関税引き下げの代わりにぜいたく税を引き上げる措置〕に焦点をあてている。この法のねらいは、きわめて高い率の茶関税を引き下げ、窓税を引き上げることによって、密輸入を減らしながら歳入を増やすことにあった。ピットは、お茶をよく飲む人びとは、窓の多い家に住むような人びとだ、と考えていたようである。ペインがピットに提案した代替案は財産税にかんするものである。その代替税は奢侈品を対象とし、年間一〇〇〇ポンドの収入は一家の生計を支えるのには十分すぎるほどぜいたくな収入といえるから、ペインは、この数字を超える所得は他の奢侈品と同様に課税されるべきであると主張する。かれが提案している税は労働によってえた所得ではなく、相続された広大な土地からえられた個人所得にたいして向けられていたものであった。それは、最初は、五〇〇ポンドまでは一ポンドにつき三ペンスを課税することからはじめ、二万三〇〇〇ポンド以上の所得にたいしては一〇〇パーセント課税とされる、という累進課税である。この税は容易に負担できる層に課税するものであり、また土地所有者の子供たちがその広大な土地を分配〔売買〕するのを促進するという点で、不公平な長子相続制度に終止符を打たせるのに役立つものである。またペインは、この税が、選挙のさいに土地所有者が〔票を〕買収して影響力を行使するのを防ぐことができると考えていた。ペインが第二部で述べている課税にかんする詳細な提案は、市場を、分配を決定する適切なメカニズムとして積極的に認めていた、それまでの立場に反するようにみえるけれども、かれは財産権にたいしてそのように急進的に干渉することを正当化しようと必ずしも考えていたわけではなかった。唯一『土地配分の正義』においてのみ、かれは私的財産保有権に介入できる国家の権利を擁護している。そこではふたつの説明を加えているが、これらはともに、いみじくも現代における社会正義の概念につながるものである。

　第一の説明において、かれは次のように述べている。もしも「おそらくまちがって高慢にも文明とよばれている」ものの結果のひとつが偉大な豊かさというものだとしたら、もうひとつの結果は悲惨というものである。「人類のうちでもっとも豊かな者ともっとも困窮した者は、文明化されているといわれている国々においても見いだされる」(I. 610)。『レナル師への手紙』や『人間の権利』においてみられるように、〔ペインは〕文明のもつ利益を終始絶賛していた代わりに、『土地配分の正義』では、文明は貧困をつくりだすものだと主張している。自然状態では農業、芸術、科学および製造業から生じる利点はないが、貧困もないのである。文明は「社会に住む人間を、自然状態に住んでいたときの人間の運命よりも一部は豊かにし、一部は悲惨にした」(ibid.)。その理由は、文明が包括的共同財産権を排他的個人財産権へと移行——共有地から私有不動産へと移行——させるからである。こうした進展によって、土地ははるかに生産的に用いられるようになる(かれはロックを支持して、このような方法によって人口が約一〇倍になりうると主張している)ので、われわれはもはや自然状態にもどることはできないのである。かれはまたロックに与して、労働こそが包括的権利を排他的権利に変えるものだということを認めている。とはいえ、かれは、この労働議論がそれ自体、貧困をつくりだす責任の一端をになっているということを認識している。なぜなら、包括的権利から排他的権利を引き、それに労働を足すと、土地の価値は労働の価値と合成され、「土地自体ではなく、改良の価値こそが個人の財産となる」(I. 611)からである。貧困は、貧者が土地を手に入れるすべをもたず、現在土地を所有している人びとにたいしてそれを要求する権利をもっていないことから生じるのである。ペインの主張では、耕作地をもつすべての所有者は自分が保有している土地の地代を共同体にたいして支払う義務を負っていることは明らかである。耕作は土地の生産性を高め、より多くの人口を養うことができるようにするけれども、〔だれもが〕土地を利用できる自然権には変化はないのである。もっともこの自然権は土地の排他的な使用から生みだされた利得を、すべての人が平等に共有する権利を与えているわけではない。なぜなら、利得の多くは個人労働の産物であり、その利得は権利上その労働者のものだからである。この利得は、「不動産〔制〕の導入によって、生来受けとるべき相続財産を奪われたすべての人びと」（I. 612）にたいする一種の補償を正当化したものである。そして、この補償は、文明状態に住む人が自然状態に生まれた場合の状況よりも悪くならないようにするためのものである。さらに、この補償は「財産権が侵食してしまった生来の相続財産に相当する分を差し引いて」（I. 613）支払われるべきである。続いて、かれは、相続税によって資金を調達した基金について次のようにより詳細な形で提案している。すなわちその資金は、生来の相続財産の代わりに、すべての人びとに一定額を支払うとともに、老齢者、病人および弱者にも支給するというものである。

ペインの第二の議論は、さらに不動産と私的な富ないし所得の双方を考察することにより、実質的にはすべての問題をとりあげたことになっている。かれは、自分の第一の議論は不動産にたいする課税への是認だけであると述べ、動産をとりあつかうには別の原理が必要であると主張している。かれは次のように論じる。動産とは「社会の生み出したものである。……〔なぜなら〕個人を社会から切り離し、かれに島か大陸を与えたとしても、かれは動産を獲得することはできない」からである。

「したがって、ひとりの人間が自分の手でつくりだすことができる範囲を超えたあらゆる動産の蓄積は、社会的生活をすることによってえられたものなのである。そして人は、正義、感謝の姿勢および文明などの諸原理にもとづいて、その蓄積の一部を蓄積全体の源である社会に還元する義務を負っているのである」(I. 620)。

ペインは、不平等を説明するにさいしては「貪欲や抑圧といった不愉快で耳ざわりな名称」を用いることなく、いまや動産の蓄積は、多くの場合、それをつくりだした労働者への支払いがあまりにも少なすぎる結果である、と述べている。「その帰結として、働き手は年老いて朽ち果て、雇い主は富み栄えるのである」(ibid., II. 579 参照)。しかしペインは、「労働の代価をそれが生みだす利得と完全につりあわせること」(I. 620)は不可能であるとなだめるようなことばを並べながら、同時に皮肉にも聞こえる主張をしてみせる。しかし、たとえ労働の果実が完全に労働者に支払われると仮定しても、労働者たちが年老いたときに遭遇する困難な状況から身を守るのに十分なほどの蓄えをすることはできないであろうから、社会はかれらの会計係として行動すべきだ、と見ていたのももっともである。

しかし、ここではさらなる議論が待ち受けていた。ペインの考えでは、文明化された社会において貧困と豊かさという状態が極端であるということは、そこには明白な不正があることを意味し、この不正はときの経過のなかで構成されてきたものである。「あらゆる国々における貧困者の大半は貧困を代々世襲するようにされてきたから、自力でその状態から抜けだすことはほとんど不可能である」（I. 619）。加えて、貧困者の数は階級的な敵愾心を生みだしながら年々増加し、それは、財産の安全と社会の安定をおびやかすのである。少数者の富がかれらの同胞である市民に利益を還元する場合にのみ階級的な敵愾心は避けられるのであって、すべての市民が一体となって財産を守り尊重する状態が保証されるのである。

ペインの議論は、一方では富者の慎慮に訴え、他方ではより広い人びとにたいしてかれらの社会正義に訴えている。富は社会的協働の成果であるから、ある者が豊かさを享受するなかで、他の者が貧困状態に追いやられるのは不正である。社会の土台を支える互恵主義はこうした不正によって破壊され、同様に、そのような不正によって突き動かされて起こった暴動によっても侵害される。ペインは、貧者が自然状態における状況よりも困窮している場合には、かれらは自分たちが暮らしている国にたいし、なんら責務を負う必要はない、と考えていた。もしもかれらが反乱を起こさなかったとしたら、それはたんに、かれらの精神が勇気に欠けているからにすぎない。正義は絶対的な平等を要求するわけではないが（それは不可能であるし、またのぞましいことでもない）、しかし、財産が社会において〔人びとのあいだで〕怒りを買い、また争いの源泉とならないように、正義は富者と貧者のあいだの互恵主義と相互利益の紐帯を維持することを求めるのである。

「ある人が他の人よりも多くの富をもてば、それに応じて国民的基金が増加する場合、国民的基金の繁栄は諸個人の繁栄にもとづくものであるとみなされる場合、またある人が獲得する富が多ければ多いほど一般大衆を豊かにする場合、このような場合には相互不信感はなくなり、財産は国民の利益と保護の恒久的基礎として位置づけられるであろう」(I. 621)。

その〔分析〕方法においても議論の細部についても異なるが、『土地配分の正義』におけるペインの主張は、ジョン・ロールズが『正義論』(一九七二年)において論じていることと多くの共通点をもっている。ロールズの主張によれば、ある社会が正しいとされるのは、権利、自由および社会的善の分配が、(1)「各人は、すべての人がもつのと同様な自由の体系と矛盾しないような最大限に平等な基本的自由の全体系をもつ平等な権利を有するべきである」〔第一原理〕。(2)「社会的、経済的不平等は、次のふたつのようにに取りはかられるべきである〔第二原理〕。(2a)もっとも恵まれない人たちの便益を最大限にはかること。(2b)公正な機会の均等という条件のもとで、すべての人にさまざまな職務や地位が開放されるべきであること」(p. 83)。そしてこの第一原理は、第二原理に優先し、また(2b)は(2a)に優先するとされ、これらは「格差原理」として知られているものである。ロールズの議論の詳細についてはここでは述べないが、かれのふたつの原理はペインのいわゆる一般的原理をより正確に定式化するのに役立っている。ペインは基本的自然権および市民権に絶対的な優先権が与えられるべきと考えている。なぜなら、それらを維持するためにこそ文明社会はつくられたからである。すなわち、「すべての市民は、あらゆる公的地位、機会の平等もまた保障されるべきである。

公的恩恵の享受および公的職能をえる権利を有する。自由な国民がもつ選択の動因は、もっぱら才能と徳性による」(II. 559)。富の不平等の結果として、より大きな富が集められたとしても、機会均等の原理をさまたげている社会は正しい社会ではない。いまやペインは不動産と動産を、主として個人労働の成果を認める自然権によって生みだされたものというよりはむしろ、社会的協働の成果とみなしている。したがって、国家によるそのような富の再配分は自然権の侵害にはならない。じっさい、それ〔国家による富の再配分〕は市民の基本的権利をより完全に尊重する方法とみなされうるからである。ロールズの格差原理のペイン版ともいうべき考えは、まったく同じとはいえないが、基本的には類似している。富の専有も相応の形で基金が増える場合には正当なものといえる。なぜなら、この基金から二一歳に達した各人には一五ポンドの元手金が、五十歳以上もしくは重度障害をもつすべての人びとには年金が支給されるからである。このパンフレットの最初のほうでは、ペインは「もしも、その結果として困窮する人がだれもいなくなるのであれば、人びとのなかに裕福な者がいようとも、わたくしは気にしない」(I. 617)と明言し、格差原理については問題視していない。しかし、結論部分の叙述では、「たとえ一部の人が獲得する富が多くなろうとも、一般大衆が豊かになるのなら、その場合には相互不信感がなくなり、財産はよりいっそう国民の利益と保護の恒久的基礎として位置づけられるであろう」(I. 621)と論じ、より説得力のある見解を示している。そのような便益をもたらさない富にたいして人が憤懣をもつのは、妬みではなく、不正にたいする適切な反応なのである。

さらに〔ペインと〕ロールズとの比較はふたつの点で有益である。ひとつは、初期〔論文〕において強い関心を示していた、「才能にたいする開かれた職業」という原理と矛盾するような公正な機会均等の原理を、ペインが暗示的に展開していた点である。ロールズはこのふたつを次のように区別している。後者では、職業は例外なくすべての人に開かれていることが必要だとするものである。つまり、いかなる階級であれ、いかなる諸個人の集団であれ、職を求める競争から排除されるような規則はないということである。前者は、類似の能力や技術をもつ人びとは類似の生活を送る機会を与えられることを要求する。しかし能力の配分はまちまちであって、しかも貧しい階級が代々続くかぎり、たとえ同じ能力をもっていても、貧困階級の人びとには同様な生活を営む機会が与えられるという保証はない。『土地配分の正義』において、ペインは、多くの啓蒙思想家たち（かれらは、例外なき平等の原理を用いて台頭しつつある中産階級のために貴族階級の特権に挑戦した）によって要求された例外なき平等という理論を超えて、富がひき起こすひずみを〔なおすことを〕意識した民主的平等〔の要求〕にまですすんでいるのである。ペインはこの点については詳細には展開していないが、ともかくこうした問題認識は、かれが啓蒙思想家たちの中心的な思想のよりどころであった民主化を目ざしていたという重要なしるしであった。

ロールズとの比較が役に立つもうひとつの点は、ペインとロールズが同じ見解をもっていたという点にある。すなわち、安定した秩序をもつ公正な社会〔の確立〕は、正義の諸原理を相互に理解し、〔自分の〕直接的利益を考えるだけではなく、同時に社会的政治制度に実践的にかかわることのできる市民の育成にかかっているという見解である。またペインとロールズの両者にとって、文明は富の生産だけでなく、すべての人の権利と個々の利益が保護され、政治的支配が公的に共有された正義の概念によって規制される共同体の創出をも必要としていた。なぜなら、ペインは『政府、銀行、紙幣について』（一七八六年）において、「共和国とは、正しく理解されるならば、意志主権〔君主の恣意的な意志にもとづく専制的君主政〕とは対照をなす正義主権〔平等な正義の理念にもとづく民主政〕である」（II. 375）と主張しているからである。両者にとって、民主主義と代議政体とは、市民の義務という共通の見解が発展するうえでの、また公共善の追求あるいは正義主権を志向させる公的生活を維持するうえでの、決定的なしくみなのである。

第4章　神の王国

『人間の権利』においては、良心あるいは宗教にかんする権利〔自由〕は、完全な自然権としてえがかれている。つまり、「〔良心・宗教にかんする権利を〕行使する権力は、権利それ自体はもとより個人のなかで完全にそなわっている」(I. 276) 自然権である。権利を行使する権力が完全であるのは、人間がそれぞれ神の存在と本性および神にたいして負っている義務について推論し、信仰心を養う能力をもっているからである。しかしながら、神、摂理、および宗教にかんする見解はペインの政治的諸著作のいたるところで散見されるが、これらを寄せ集めたとしても、ペインの宗教的信仰心が整合的にわかるものではない。この仕事はかれの全作品のなかでも第三の主著ともいうべき『理性の時代』においてなされている。

信仰の根拠

『理性の時代』の第一部はふたつの基本的な公理に依拠している。第一の公理は、神のことばは不変であり、万人に平等に通用する普遍的なことばで語られているというものであった。「だれもが信じるように求められることがらは、その証明ないし証拠がすべての人にとって平等でかつ普遍的なものでなければならない」(I. 468)。しかし、いかなる人もまたいかなる制度も、神の意志を知る特権をもつと主張することはできない。したがって、ある人に証拠として役立つものはすべての人にとって証拠として役立つものでなければならない。唯一の真に普遍的なことばは天地創造の意図のなかに表明されていて、われわれはこのことを理性の能力によって理解できる。第二の公理は、真の信仰は理性の行使と理性の侍女なる蓋然性〔やや不確定な思考〕に由来するということである。神は万物をつうじてこの普遍的な理性の能力に語りかけ、それによってあらゆる人びとに神の意図を理解させ、神にたいする義務を認識させるのである。啓示は宗教的信仰心を形成する源泉とはなりえない。宗教的信仰心は理性と一致するかぎりにおいてのみ受けいれられる。その結果、良心の権利は完全な自然権となる。われわれはそれぞれ理性の能力を授けられており、良心の問題においては理性と常識以上に高次な権威は存在しないのである。「わたくしの心がわたくし自身の教会である」。そして不信心の唯一の形態はこの「教会」の教えに忠実でないことである。

　理性と常識とが信仰の試金石であるというペインの見解は、かれが自分の立場を示すやり方からみても明らかである。かれは聖書に接する場合、先人の聖書解釈や理神論を意図的に無視してみせる。これは、ペインがキリスト教についての知識がないという面もあるが、自分が書いたものはキリスト教的伝統のなかで育った者ならばだれであれ理解できるはずだ、という主張のあらわれでもある。かれは聖書解釈学を試みているのではなく、聖書の「一般向けの手引書」を提供しようとしていたのである。この「手引書」はまた信仰告白ともなっている。それはとりわけ理性的な神と宇宙にたいする合理的秩序への信仰であるが、同時に、各人の常識は十分なものであって、隣人にたいするのと同じように、神の本性についても妥当な結論に到達できると信じる信仰でもある。『理性の時代』はペイン自身の結論を示しており、しかもこの結論を、キリスト教会が宗教問題にかんしては特別な権威を有すると主張していることにたいする批判の基礎として用いている。『コモン・センス』や『人間の権利』が君主の腐敗、暴力および欺瞞という生い茂る大樹に理性の大なたをふるったように、『理性の時代』は国民の迷信と詐欺行為のもうひとつの大樹である国教会に切り込んでいる。たしかにペインは、最近起こった政治上の諸革命とかれが宗教において推進しようと願っていたことをはっきりと結びつけている。「教会と国家のあいだの不貞な結びつき」は、それが存在するところではどこでも、確立された教義や宗教上の信仰の第一原理についての議論を抑圧するので、それがフランスで革命をひき起こし、それについての問題を明るみにだしたのである。そしていったん自由な議論が許されると、われわれはまさしく宗教においても同様な革命を期待することになる。「人間のつくりごとと聖職者の策略は看破され、人間は唯一の、それ以上のものはありえない神にたいする純粋で混じりけのない正真正銘の信仰に回帰するであろう」(I. 465)。

『理性の時代』において、ペインが主たる標的としていたのは、キリスト教会が信仰問題においての権威を要求していた問題にたいするものである。そしてこの要求は、究極的には、教会は、聖書のなかで啓示されているように、神からの特別な使命をになっているという信仰に依拠していたから、そこでペインはまずそうした啓示の妥当性を否定することからはじめている。そのためかれは次のような仮定をたてている。神はこの世のだれかに直接的に話しかける道を選ばれるかもしれないが、しかし、たとえこうしたことが起こったとしても、それはその人だけにたいする啓示にすぎない。他の者はすべて、その人が伝えることに頼らなければならないであろう。しかし、それは結局は伝聞にすぎず、「したがって、かれらはそのこと〔伝聞〕を信じる義務はないのである」（I. 466）。真の信仰とはわれわれの眼前にあらわれる証拠に依拠していなければならない。処女受胎の物語にかんしても、われわれはそれが真実であるのかどうかを見きわめてみなければならない。しかし、この問題に対応できる当事者はだれもいないのであるから、われわれは、証拠と蓋然性〔推論〕に頼らなければならないが、ペインは、それだけでは信仰を保証するには不十分であると考えている。さらにこの物語は、当時はやっていた異教徒〔ヘブライ以外のすべてのもの。ギリシア、バビロニア、ペルシア、エジプト、パレスティナ、小アジアに散在する非ヘブライ語族など〕の神話から出てきたと信じるほうがはるかに合理的であるとさえ主張する。ユダヤ人が偉かったのは、「つねに異教徒の神話を拒否し」（I. 467）、けっしてこの物語を信じなかったことである。

聖書のなかのあらゆる物語はこのような方法で査定されるべきである。それぞれ〔の見解〕にかんしては、われわれはそれを支持するうえでどのような外的証拠があるかを問わなければならないし、そののち、その神的由来についてどのような内的証拠があるかを見るべきであろう。キリストの受胎と誕生の説明を簡単に片づけたのちに、ペインは、続けてこのふたつの神話的諸原理を新約聖書に示されているキリストの生涯全体に適用している。復活と昇天は、キリストが超自然的な方法によって地上にやってきたと伝えられているのと同様に、超自然的な方法でこの地上から連れさられる試みであるとみなされ、いずれについても軽くとりあつかわれている。唯一有効な証拠は、「自分たちは全世界の代理人としてそれを見た」と称する少数の人びとの口から出てくるのであって、「世界の残りの人たちはそれを信じるほかないのである」(I. 468)。しかし、ペインは明白にトマス〔一二人のイエスの弟子たちのひとりで、ディディモと呼ばれた〕を支持する〔ヨハネ福音書、第二〇章、二四―二九節を見よ〕。なぜなら、トマスは「みずからの目で見、手でふれた証拠をもつこと」なしには、そのような話は信じないだろうからである。〔聖書の〕物語のこうした箇所には、「その紙面にありとあらゆる欺瞞とまやかしが書かれている」。かといって、キリストの存在を否定する必要はない。キリストが存在し、十字架にかけられたということは「厳密に蓋然性の範囲内にある歴史的記述である」。じっさい「有徳な改革者かつ革命家」として、キリストは、おそらくユダヤ人とローマ人の支配者とが共謀して、その結果殺されたのである。ユダヤ人もローマ人も、平等を説き、聖職者の堕落を非難するキリストにおびやかされていたのである（I. 469）。

キリストの神性についての内的証拠もまた、ペインによれば不十分ということになる。キリストが説き実践した道徳はきわめて慈愛に富んだものであったが、孔子やあるギリシアの哲学者たちによる教えと異なるものではなく、あらゆる時代に多くの善良な人びとによって説かれたものと変わらない。したがって、それはとくにキリスト教に特有なものではないのである。ペインはまたきわめて強い語調で、キリストは世界中の人びとの罪を背負って死んだという主張について非難する。なぜなら、それを受け入れるとなれば、神は他の方法では創造の業の正当性の言いわけができないので（大洪水のあとで、ゆるしの命令を自分から否定するなどという）、つまり自分の息子を殺すようなことまでしてしまう感情的で非理性的な存在である、ということになってしまうからである（I. 497）。さらに、かれは、贖罪の教義とは、教会が免罪符、特免状および贖宥券を売ることによって収入をえるための手段としてつくりだされたものにすぎない、と主張している（I. 480-1）。教会が、贖罪の独占を当然視するのはまったくの欺瞞である、とペインは信じて疑わなかった。なぜなら、「人間はこの世に生まれたとき以来、造物主にたいしてとってきた関係をいまなおとり続けている」（I. 481）からである。このことを信じることによって、人びとは「他のいかなるしくみによって生きるよりもずっと堅実で道徳的に生きる」ようになるだろう。これに反して、キリスト教会ときたら、信者に向かって、おまえたちは無法者、追放者、物乞い以外のなにものでもなく、「はいつくばり、こびへつらうことによって、〔神と人間とのあいだの〕媒介者にとり入らなければならない」(I. 482-3) と教えている。しかし、このような屈辱を受けてもなお宗教心を捨てないでいられる者がいて、信心を深め、神の贈り物のうちの最たるもの〔理性〕までを放棄してしまうのである。

「……その手の者は自分の生活を、悲嘆のうちに、あるいはそうであるかのように過ごす。〔しかし本当は〕かれの祈りは〔神への〕非難であり、自己卑下の生活は〔神への〕忘恩以外のなにものでもないことを知らないのである。かれはみずからを虫けらとよび、肥沃な大地をはきだめといい、また人生のあらゆる祝福を恩知らずにも虚栄の種という名でよぶ。かれは、神が人間に与えた最たるものである理性という贈物を軽蔑していることになる。そして理性がそれに反旗をひるがえして立った理性的な生き方にしがみつきながら、まるで人間が自分自身に理性を与えることができるかのように、創造者への感謝の念を捨てて人間の理性などという呼び方をして平然としている」(I. 482)。

旧約聖書は、〔新約聖書よりも〕いっそう〔ペインによって〕軽くとりあつかわれている。その信憑性について外的〔客観的〕な証拠は事実上皆無である、とペインはいう。教会の神話作者は、たんに「自分たちが見つけることのできたすべての書物を集めて、それらを好きなように配列した」(I. 472) にすぎない。かれらは「集めたものからつくった書のうち、どれが神のことばであるべきかを投票によって」決めた。あるものは拒否され、あるものは「経外典」と名づけられた。そして、大多数から支持を受けた書が神のことばとして受けいれられた。「もしかれらがちがったように投票していたとしたら、みずからをキリスト教徒とよぶすべての人びとはちがったように信じたことであろう――なぜなら人の信仰は他の人びととの投票に由来するからである」（I. 473）。もしもこれが聖書の外的権威とするなら、その場合には、それは権威ではまったくないということである。内的証拠の基準からみても、旧約聖書は〔新約聖書よりも〕不都合である。それはまるで迷信と神話と不条理からなる泥沼のようである。〔ペインは次のように述べている。〕キリスト教の神話作者たちは、（エンケラドスをエトナ火山の下に閉じ込めたという）ジュピターの例をまねて、サタンは〔神によって〕穴のなかに閉じ込められたと語ったが、「つくり話の続きを述べるために」もういちどサタンを穴から連れ出さなければならなくなった。

「サタンはそれから、蛇もしくはおろちの姿をとってエデンの園へと入ってくる。そして、そのような姿でサタンはイヴと親しげに会話をはじめるが、イヴは蛇がことばを話すのを聞いても驚きもしない。この『二人のお話』の結末は、サタンがイヴにりんごを食べるよう説きふせ、このりんごを食べることによって人類すべてが永遠の罰に処されるということである」（I. 470）。

ペインは冗談をいっているのではない。かれは、陰湿で辛辣な皮肉を込めて書いているのである。教会の神話作者たちは、悪魔が万物に打ち勝つという物語を、またキリストが犠牲になったのちにも、悪魔は「まず全ユダヤ人、全トルコ人を、次いで世界の十分の九とそのうえマホメットを」（I. 470）約束として与えられる、という物語をつくった。かれらの記述では、サタンは同時にあらゆるところに存在し、どうやら全能でもあるらしい。なぜなら、サタンは戦略によって全能の神のあらゆる力と英知に打ち勝つからである。全能の神は万物をサタンの支配に譲るか、万物の贖罪のために「地上に降りてきて、人間の姿でみずからを十字架の上にさらして」（I. 471）降伏するかを強いられる。〔したがってペインによれば〕この物語全体は理性的な信仰を不可能にする。この物語が存続してきたということは、聖職者の虚言癖と人びとの騙されやすさや無知がたたえられてきた、ということである。

ペインはまた、旧約聖書に「啓示」がふくまれていることも否定する。かれによれば、それはもっぱら歴史的叙述と逸話から作りあげられたものである。「無限の全体を指図し、統治する存在〔神〕の巨大さを熟慮するとき、……われわれはそのようなくだらない〔聖書の〕物語を神のことばとよぶことに恥を感じるべきである」（I. 473）。しかし、旧約聖書が神のことばであることに反対するもっとも強力な内在的証拠はそれ自体の内容である。「聖書の半分以上を占めている、猥褻な物語、享楽的な放蕩、残酷かつ拷問的な処刑、容赦ない復讐についての話を読むときは、それを、神のことばとよぶよりは悪魔のことばとよんだほうがまちがいなく矛盾がないであろう。それは人類を堕落させ残忍にすることに役立ってきた邪悪の歴史である。わたくしは残酷なものはすべて大嫌いであるから、それ〔邪悪の歴史の話〕が心底嫌いである」（I. 474）。

ペインが用いた旧約聖書の箇所は、「ヨブ記の数章と詩篇第十九篇」だけである。それらの章および篇は、「真に『理神論的な』文章である。なぜなら、それらは神性を神の業をつうじてとりあつかっているからである」(I. 484)。残りの部分は、役に立つというよりはむしろ害をもたらすものといえる〔とペインは見ていた〕。

真の啓示

ペインにとって、神がその目的を果たすために用いる手段は、まさに神の業そのものであることは明らかである。神は人類にその力と寛大さと豊かさを伝えるために、すべてのものが理解できる唯一の言語、つまり自然という言語によって語りかけるにちがいない。「神のことばについてのわれわれの観念や概念は、創造についてのみ一致することができる。……それは、これまでずっと〔この世界に〕存在してきたものの起源ともいうべきもので、人間はだれでもそれを理解できるのである」。その上、「〔神の〕創造物は、すべての国民や全世界を教え導いている。そしてこの神のことばは、人間が神のことを知るのに必要ないっさいのことを人間に啓示してくれているのである」(I. 483)。「われわれが目にするものすべては、神の創造物であるという内的証拠をもっている」。だから、第一原因なるものが存在していて、それは「永遠に存在し、われわれが知っているいかなる物質的存在とも性質を異にし、そしてその力のおかげで万物が存在しうる」(I. 484) という結論に導かれるのである。そしてこの第一原因をわれわれは神とよぶのである。われわれの神への信仰は理性による推論の結果であって、信仰の前提としてのものではない。理性こそが真の宗教的信仰の唯一の根拠であるから、その結果、唯一の真の神学は自然哲学もしくは自然科学ということになる。ペインは、一七五〇年代のロンドンにおいて、ベンジャミン・マーティン〔一七〇五―一七八二〕とジェイムズ・ファーガスン〔一七一〇―一七七六〕の講義をきいて学んだニュートン主義をずっと信じてきた (I. ix, 496)。それは、科学とは宇宙を統治している原理と法則とを発見し、宇宙を構成する神の計画の一部を認識するようにさせるもの。それは宗教的信仰の真の基礎を明らかにし、迷信や神話、それから教会がその権力を築いてきた基盤である奇蹟と神秘的教義の主張を打ち破るようにさせる、というものである。

『理性の時代』は一種の信仰告白である。ペインは神の力、英知および寛大さについての十分な証拠を、無数の創造物、「無限の〔原文のまま〕全体を統治する不変の秩序」、および地上に満ちあふれる財のなかに見いだす。かれは科学によって発見された諸原理をほめたたえている。科学は宇宙の構造を明らかにするとともに、実用的かつ応用のきく科学のための基礎を提供し、それによって人間は神の秩序を模倣する。さらにペインの推測によれば、神は天の秩序を構成したが、それが神に由来するものであることを十分に確認できるように、人類の目にみえるようにしたという。かれはまた、われわれの天体〔地球〕に生命が満ち満ちているのと同じように、宇宙には多くの天体があって、そこには人間が生息する多くの惑星が存在すると信じるに足る十分な理由がある、と論じている。われわれが属する太陽系は宇宙においてわずかな部分しか占めておらず、われわれが恒星とみなしているものは、おそらく別の太陽系における太陽で、ほかの天体や惑星がこの周りを回転しているのだろう。これについては、このような複数の天体系から生じる恩恵を考えれば、ありえるように思われる。このように複雑な全体があるということは宇宙全体にかんする科学的発見と機械論的科学とを刺激するのである。「われわれの〔太陽〕系《システム》を構成する各天体の住人はわれわれと同じような知識を獲得できる機会を享受している。かれらがわれわれの地球の公転運動を目にするのは、われわれがかれらのそれを見るのと同じである。すべての惑星はお互いに公転して見える。したがって、科学という同じ普遍的な学問がわれわれすべてのまえにあらわれてくるのである」(I. 503)。

英知、慈愛、全能性その他の神の属性にかんするわれわれの観念は天体の構造を考えるとふくらんでくる。また、この考え方は、「無数の天体をすべて自分の庇護のもとにおいた」全能なる神が「他のすべてのものについて配慮することをやめて、かれら〔キリスト教徒たち〕がいうように、一人の男と一人の女が一個のりんごを食べたがゆえに、〔キリストとして〕われわれの世界に死ぬためにやってきた」というキリスト教徒の考えを覆していくのである(I. 504)。

ペインの自然神学では論理必然的に信仰がひとつにまとまっていくことが期待されている。宗教は科学の一部門であり、理性の問題であって、信仰の問題ではない。したがって、ただひとつの真の宗教、つまり永遠の存在である神のことばに一致する唯一の宗教があるのみである。われわれは神をたたえる方法をさまざまに考えだすことができるが、そのさい、宗教的信仰はまったく〔人的〕認識にもとづくものだとするべきである〔とペインはいう〕。

この「真の啓示」から、われわれはいかに最良の生活を送るかを学ぶことができる。天地創造は、神の力、英知および慈愛を宣言したものである。「人間の道徳的義務とは、創造にさいして、あらゆる被造物に向けて明示された、神の道徳的な善と慈愛を模倣することである」。人類にたいする神の慈しみはすべての人間にひとつの手本を示しており、「人間のあいだにおける迫害と復讐、そして動物にたいするあらゆる残酷な行為は道徳的義務違反である」(I. 512) ということを教えている。ペインは来世において自分がどのようになっているかについてはあまり悩まないという。だがペインは、かれをつくった創造主がかれを存在させ続けようと思えば、そうできるということを疑っていないので、おそらく来世においても存在しているであろうと考えているのである。

『理性の時代』の第一部は、聖書を用いることなく書かれた。ペインはこの事実をかくさなかったので、批評家たちからは馬鹿にされたが、しかし〔聖書にもとづかなかったことは〕かれの主張にとってかなり有利なものとなった。それによって、かれは現在でも用いられる議論の形式を採用することになったからである。ペインの聖書についての直接的ないし間接的言及のほとんどは、聖書やキリスト教的伝統をあまり知らない読者でもただちにわかるであろう。また、学者や神学者にとっては、ペインの見解は、複雑な問題を単純化したものに見えるであろう。しかしペインが言及している物語は、旧約・新約聖書の字義どおりに読むことを牧師や説教者から教えられた一般読者にとっては当然の文化的伝統に属するものであり、この文化的伝統はこれまで批判されることもなく受けいれられてきたが、いまや吟味されるべき時期にきたのである。ペインのここでの批判は、他の場合と同じく、学識者にではなく一般読者に向けて述べられている。このさい、かれは迫力あるまた尊敬の念を込めた語り口で、読者をひきつけている。迫力というのは、かれが直接的で力強い、理解しやすいやり方で書いているということである。そして尊敬心というのは、かれが読者を、個人の私的判断こそが、政治問題と同様に神学問題においても訴えることのできるただひとつの法廷であるということを理解できる、合理的かつ思慮深い人間としてとりあつかっているからである。われわれは、聖書が自然理性と人道的配慮という規準にさからっているかどうかを判断しなければならないし、聖書がこうした規準を破るようなことを神の意志として受けいれるように求める場合、われわれはこの神話を神のことばとして位置づけるよりはむしろ、そのような神話の意味はなにかを探求することが求められている。聖書にかんする深い学識は必要ない。ただわれわれは、聖書にたいしてそれぞれ自分ができる最善の判断をくださなければならないだけである。

このように個人の良心を最高権威とするのは、ペインの主張のなかでもっとも強調されているところである。またかれが、理神論的立場の先行者たちと深く共通するのもこの点である。

それ〔良心を最高権威とする考え方〕は、神の秩序づけた宇宙が理性と科学によって明らかにされることを賛美するニュートン主義と結びつけられるとき、合理主義によってますます強化される。しかし、たとえそのような合理主義がなくても、自然法についての主張が同意をえられない世界においては、それは強力な立場をとり続けることができる。個人の知力を自由に働かせることによって生じる信仰の形態がもっとも真正なものである。合理主義的な宗教に傾倒するペインは、暴力と欺瞞がないかぎり、信仰は収斂し、〔そこに人びとの〕合意が生まれてくるであろうと想定している。われわれにはそのようなことはありそうにないと思われるが、しかしこのこと〔信仰の収斂〕は、われわれが、階層的国家と国教会は社会秩序とそれにともなう便益を維持することが前提条件である、という保守主義的立場を受けいれなければならないということを必ずしも意味しない。人びとはペインが期待しているほどには政治的思考においても宗教的思考においても合理的ではないかもしれないが、判断しなければならないのは人間自身であると主張する点では、ペインはたしかに正しかった。

続『理性の時代』について

『理性の時代』の第二部および第三部を評価するのは必ずしも簡単なことではない。ペインは聖書は用いていたけれども、既存の重要な研究業績はほとんど無視している。理性と常識を十分に備えているという自信はあったが、第一部での聖書のあつかいが不当なものではないことを示すために、ペインは聖書を順序だてて考察している。そして驚くほどのことではないが、かれによれば、〔第一部の〕主な誤りは聖書のいくつかの箇所をほめすぎたことだというのである。

　第二部の論調は、聖書の内容はしばしば「ロベスピエール〔その他〕がおこなったのと同じくらい、人道〔主義〕とわれわれが道徳的正義についてもっているあらゆる考えにとって衝撃的」（I. 518）である、というペインの冒頭所見にあらわれている。聖書の内容は、われわれが神の正義と慈愛について自然にもっている概念を乱すものであり、われわれは、神がそのようなことを命じたと証言する人びとを信頼してよいのかどうかを二重に確認する必要がある。この調査の結果、次のことはまったく疑いがない〔とペインは考えている〕。

「……聖書を恐怖を抱くことなく読むとなると、われわれは人の心のなかにあるやさしさや思いやりや情け深さをことごとく押し殺さなければならない。私見によれば、聖書を真実であると信じるためにはこのような犠牲を払わなければならないのであるから、聖書が架空のものであることを示す証拠がこれ以外になにもないとしても、わたくしはただこれだけでどちらを選択するかを決定するのに十分であると考える」（I. 519）。

　けれども、ペインは客観性を期するためにこの結論を保留にし、聖書は真に神のことばであると称する聖書の権威を失墜させるために、第二部の大半を使っている。

かれは、たとえばヨシュア記のように、聖書のなかにでてくる〔歴史書、教訓書、預言書等のさまざまな〕書の多くは、〔ヨシュアやサムエルのように〕著者とされている人によって書かれたものではないということを証明することからはじめている。同様に、モーセ五書〔創世記、出エジプト記、レビ記、民数記、申命記〕はモーセによって書かれたものではないということを証明するテクスト上の証拠と歴史的裏づけも十分にある〔としてペインは次のようにいう〕。五書の著者は三人称を用いていて、モーセの謙虚さを賞賛している。これでもしモーセが著者だったとしたら、かれは「きわめてうぬぼれの強い傲慢で愚かな気取り屋のひとり」(I. 522) であったということになる。申命記の場合、劇的な文体と語り手が次々に入れ替わることが、モーセが著者でなかったことを物語っている。加えてモーセの死と埋葬についての言及があり、著者がかなり古いできごとを叙述していることを示すいいまわしも見られる。さらに、創世記第一四章一四節における、アブラハムがロトを捕らえている者たちを追いかけてダンまで追跡したという叙述は、士師記の第一八章二七―二九節におけるダンについての叙述とまったく矛盾するものである。後者で述べられているところによれば、このダンという場所はかつてはライシという町であったが、ダンという名の部族がこの町を侵略したときに、部族の始祖でアブラハムの曾孫であるダンの名にちなんで、この町をダンという名に変えたものだという。したがって、この町はモーセの死後約三百年間はダンという名ではなかった。同様な方法を用いて、ペインは、創世記のうちのいくつかはダビデ時代のあとに書かれたということ、またそのテクストはしばしば聖書のなかでも後世に成立したいくつかの書ときわめて類似しているということを示している。

かれはヨシュア記とサムエル記についても同様な批判をおこなっている。士師記については匿名であるため、その信憑性については「名目上の著者すらいない」と述べている。またルツ記については次のようにいう。

「それは、いとこのボアズの寝床にそっと忍び込んできた身元不明の田舎娘について愚かにも語られたくだらない稚拙な物語だが、だれがそれを書いたのかを知る人はいない。それを神のことばとよぶとはなんとばかげたことか。しかしルツ記は殺人と略奪についての記述がないから、聖書のなかではもっともよい書のひとつである」（I. 535）。

旧約聖書のあとの部分の書と新約聖書についても、ペインは同じような調子で論じている。この点で無傷に逃れられる文書といえば、唯一ヨブ記だけだ。ただかれは、スピノザ〔一六三二―一六七七〕とアベンエズラ〔一〇九二―一一六七〕にしたがって、ヨブ記は元来ヘブライ的な作品とは言い切れず、異教徒的な要素の加味された文書であると考えているのであるが。

ペインの主張は一貫して、聖書の権威はそのなかに書かれている証言が有効であるかどうかにかかっているということ、および、この証言には匿名のものがあり、また矛盾も見られるので、くわしく吟味すればその権威は必ず失墜してしまうだろう、ということである。もっとも、ペインの批判者や現代のキリスト教徒の大部分はこのペインの論理を拒否している。たとえば、モーセ五書がさまざまな出典から編纂されたものであることは、いまでは承認されている。ダン〔という町〕にかんするペインの主張はひろく受けいれられる内容であり、また矛盾、さまざまに変化した文体および脱落などにかんするペインの意見のうちのかなりの部分は、――その批判の調子をもう少し穏やかにすれば――当時の学問的な議論においても必ずしも不適切なものではなかったであろう。しかし、このような学問的研究をもってしても、キリスト教徒にたいして理神論を支持し、キリスト教を放棄せよ、と説得することはできなかった。ペインの批判者の多くはいくつかの論点については認めるつもりであったが、だからといってすべてを認めたわけではない。それゆえ、ペインの批判はおそらく二重の意味で失敗に終わったようである。なぜなら、かれが主張していることのうち、マシュー・ティンダル〔一六五七―一七三三〕、トマス・チャッブ〔一六七九―一七四七〕、アンソニー・コリンズ〔一六七六―一七二九〕、コンヤーズ・ミドルトン〔一六八三―一七五〇〕など、一八世紀前半における理神論論争の先駆者たちがそのほとんどを論じていたからである。だがペインの説明は、よく見れば、〔理神論者たちよりも〕洞察力と説得力においてまさっている。

たとえば、リチャード・ワトスン主教〔一七三七―一八一六〕が〔ペインに〕ぶつけてきた反駁書、『聖書の弁明（*An Apology for the Bible*）』〔一七九六年〕を検討してみよう。ワトスンはペインの主張の核心をつくと思われるふたつの議論をとりあげている。すなわち、自然理性が十分な能力をもつということへの反論。そして正義には自然の規準がまずあるのであって、聖書の道徳律はこの自然の規準とつきあわせて評価されるべきであるという〔ペインの〕見解への反論である。ワトスンの主張によれば、良心は自然法の権威的な声ではありえない。なぜなら、それは教育と社会経験によって形成され、はじめて内実を与えられるからである。またワトスンは――ペインをそれこそぞっとさせたのであるが――カナン人の子孫の殺害は神の道徳的正義の矛盾ではなく、地震のような自然災害にすぎない、と論じている。しかし、ワトスンの主張には説得力がない。なぜなら、確固たる信仰こそが有効であるにちがいない、という自分の主張を擁護するために、理性の弱さを攻撃する戦略はけっしてうまい手だてとはいえないからである。ワトスンは、良心の厳格な追求と理性の行使をもってしても、客観的な規準や信仰は生まれないと主張するが、しかし、神と聖書の権威を信じるべき理由まではわれわれに与えてはくれないからである。ワトスンの主張は、たとえそれが国教会の権威を信用するように、また聖書は啓示された神のことばを現実にふくむということを信じるようにと、読者に訴えていたとしても、疑問の余地を残す。しかし、理性はこのような信用も信仰も正当化しえない。ワトスンの文体の特徴である合理的文体にもかかわらず、かれが究極的に訴えているのは、読者がすすんで信仰をもち、教会の権威と伝統にしたがおうとする意志なのである。

　ワトスンの考察はたんにペインの主張の排除にのみあったわけではない。かれは次のように説く。「おこないなさい、また、至高の存在〔神〕は、人間の子孫のすべてにたいして未来の出来事にかんする知識をさずけたということを認めなさい。そうすれば、かれらの預言が明白に真実であることが証明され、あなたがたは啓示宗教の真実を容易に認めることになりましょう」（*Apology*, 134）。かれはこのように説くことによって、ペインの議論ではそのような主張の核心に迫ることはできない、と見ていたのである。〔しかし〕いかなる個々の啓示も伝聞でしかなく、それについて聖書が伝えていることは同様に不確かである。啓示は偽りであるよりも真実である確実性が高いというりっぱな信頼性がなければ、信仰せよと命じることはできないが、ほとんどの場合、啓示はわれわれが世界について知っているあらゆることに反しているという点を考えれば、信仰を命じることはできない相談である。聖書の作者について疑いを投げかけるいかなることも、啓示がつくりごとであるという主張の可能性を高めるものである。たとえ、理性にたいするワトスンの否定的な議論を認めるとしても、その結果として生じるのは、ただわれわれが信じるものごとはなんであれ、なんの証拠もなしに信じなければならないということなのである。しかしこれは、たとえば理神論より人格神論を好むといったように、ある方向性をもつ信仰を他の信仰よりも好むことの理由にはならない。それどころか、ワトスンの主張は、ペイン特有のある論点が有効でありうるとかれが認めるとき、さらに弱まる。なぜなら、ワトスンは、若干の語句に信憑性がないからといって、聖書にふくまれるすべてのことが真正でないということにはならない、と正しく述べているけれども、聖書における真正な一節と真正でない一節とのあいだを区別する合理的な基準を与えることはできないからである。かれにできるのはただ、教会権威が、われわれがなすべきことはなにかを教える領域を区別するようにすすめることだけである。教会権威は他方よりも一方を選ぶ理由を示せない。ペインの聖書にたいする批判的見解は、ワトスンの理性にたいする批判的見解より説得力がある。なぜなら、ペインは（ワトスンも認めているように）、聖書への信仰は無条件ではありえないということを立証しているからである。ワトスンは、信仰と教会の伝統を有効な証言の権威ある預言者ととらえている。他方で、ペインは信仰をより迷信的な時代の遺物とみなし、その代替物として理性と蓋然性〔ほぼ確実なもの〕を提示する。たとえペインの自然理性肯定論が支持されなくても、かれの聖書批判はきわめて的を射ていた。なぜなら、それはキリスト教信仰の非合理的性格を明らかにしていたし、またかれは、このキリスト教の非合理的性格によって、必然的に考え方の対立や迷信間の対立が起こると見ていたからである。第二部はきわめて詳細に論じられているが、そこでも、キリスト教は理性的でありうるという主張にたいして鋭い批評をあびせ続けている。（第三部も本質的には同様で、新約聖書のなかで旧約聖書の預言に言及している箇所に焦点をしぼっている）。

また、ペインの主張は独創的ではないといわれても、それによってかれの主張がとくに不利だというわけでもない。かれの独自性はその論じた内容ではなく、むしろその論じ方や論じた対象にある。かれは初期の論争における理神論者たちとほぼ同じ問題にとり組みながら、それを新しい読者のまえでおこなっているのである。なぜ新しいかというと、それはひとつには、この論争が一七五〇年代以降姿を消し、その後は教会が古い教義をふたたび主張するのにまかせていたからである。もうひとつは、『理性の時代』の読者の多くはおそらく初期の論争を知らなかっただろうからである。ペインの著作は新しい世代に読まれ、また初期の論争よりもはるかに広範囲の、下層階級をふくむ公衆に読まれたのである。初期の論争は、貴族文化を誇る教養ある富裕階級のあいだでのみ盛りあがっていたにすぎない。しかしそれも、公衆のものの考え方《エートス》が非国教徒のさまざまな示威運動にたいしてこれまで以上に寛容になり、また国教会が聖書の教えにかんしてあまり攻撃的ではなくなった一七五〇年代には影をひそめるようになった。しかし、レズリー・スティーブンが論じているように、長期にわたる理神論論争の結果は、基本的には内容貧弱な正統派神学――「水車の輪のように、ただおざなりの巡回礼拝をするだけの不在主教と神学教授」(LS I. 391) にふさわしい神学、心地よく聞こえるが本質的には世俗的な合意を基礎におく神学である――を生みだしえたことであったように思われる。一八世紀末までに、一般民衆にたいする〔イギリス〕国教会の支配力はしだいに弱体化した。一方で、福音主義的宗教が新しい信徒を獲得しだし、他方で、合理主義、理神論および無神論がひろがっていった。どちらの潮流においても、イングランド国教会は、霊的要望も理性の要求も満たすことはできないということが、徐々に多くの人びとに明らかになっていった。また、ペインの『理性の時代』は、一八世紀最後の四半世紀間における他のいかなる著作にもまして、この理性の要求を明らかにしたものであった。たしかに、ペインが成功をおさめ、またその後に多くの悪評を招いた理由はまさにこのことにあった。ますます消滅しつつあった正統派信仰を見たとき、職人階級は国教会の教義に反抗できるまでに成長していたし、『理性の時代』は、かれらに国教会の神学的破綻、またそれによる道徳的破綻が到来したことについて新しい致命的なしるしを明らかにしていたのである。

「ペインの本は驚くべき事実を告げている。そしてこれに反対する、とるにたりない確証の寄せ集めなどにはなんの説得力もなかった。それは、信仰箇条は、教養ある学者の知性はもとより、粗野な常識本能でさえもはや満足させえないということを宣言したものであった。旧秩序の擁護者が古い魔術で魔法にかけようとしたとき、この魔術は、かれらの視界から消失してしまっていた。かれらは、ペインの荒々しい語調のなかに、コーヒーハウスでのむだ話のたんなるくり返しではなく、人民の熱き情熱の声を見いだしたのである。ペインの書物は、一般大衆にたいして、古い信仰箇条は死んだ、と告げたのであった」(LS I. 391)。

理神論と道徳

信仰が理性的であると主張されるかぎりにおいて、『理性の時代』は正統派キリスト教信仰の教義批判としてはかなり有効性をもった。しかし、キリスト教会はペインの標的のひとつにすぎなかった。もうひとつの標的は無神論であった。キリスト教会にかんするかれの立場は全体的に否定的であり、キリスト教の合理性にたいするかれの疑念は、かれの合理主義がいかに攻撃を受けようともけっして弱められることはなかった。かれの主張は、唯一神への信仰は理性による推論の結果であるということであった。そこでこの主張に説得力があるかどうかを少し調べてみなければなるまい。それによって、ペインの同時代の人びとがどれほどかれの主張を説得的なものとみていたかが、わかるからではない。ただ、ペインの政治理論がその理神論から導出される倫理的諸原理にかなり依拠していることが示されるならば、かれの理神論の弱点は、かれの全著作を理解し評価するうえで多くのことを教えてくれるからである。

ペインの宗教的確信がかれの道徳哲学の基礎となっていると考えるのは、いちおうはありえそうである。すなわち、われわれは、〔人間の〕社会形成に向かう自然的性向だけではなく、生来の共感や愛情によっても、他者にたいする道徳的義務を認識できる、ということを説明するのに、ペインの理神論が役立っているということは、すぐにわかる。また、そのことは仮説的な主張を断言的な主張に転換させるのに有効である。かれの理神論は、一方で、なぜわれわれはすべてこのような感情（神がわれわれに共通の性質を与えた）をもつのかを説明している。他方で、そのような感情がない場合であっても、われわれの義務は被造物の幸福を高めようとする神の権威にしたがう合理的な動因である〔とペインは述べている〕。

しかも、これまでみてきたように、諸個人の権利にかんするペインの説明は有神論的前提に依拠している。たとえば、ペインは次のようにいう。「もし前進し続けるなら、ついには正しいところへ、つまりわれわれ人間が造物主の手によって生みだされた時点にいたるのである」

（I. 273）。自然権の主張を根拠づけるのは、われわれを平等なものとしてつくった神の創造——すなわち、神がわれわれのために法則を設定しなければならない権利（ロック流にいえば、その権利は創造行為から導出された）——によるものである。そのうえ、われわれは神の創造の意図を帰納的に推論することによって、各個人にたいして承認されまた擁護されるべき権利の一覧表をえることができるのである。

　ペインによれば、宗教とは「神への信仰と道徳的真理の実践」（I. 506）の双方をふくんだもの、ということになる。前者は、宇宙の複雑なしくみを熟慮することから自然に必然的に帰結する。後者は、「神の善良さをじっさいにまねる」ということである。それは、「神があらゆるものにたいして慈悲深くふるまうのと同じように、われわれも相互にそのようにふるまうこと」（I. 506）を意味する。ペインは、これはわれわれに他者を助けることを命じるものととらえているが、しかしそれによって、われわれは自分自身の幸福を見失うことはないと考えている。このように行為する報酬は少なくともペインにとっては明らかである。

「わたくし自身の意見は次のとおりである。すなわち、善をおこない、仲間である人間を幸福にするように努力しながら生活を送っている——こうすることがわれわれが神に奉仕しうる唯一の方法である——人びとは来世で幸福になるであろう。そして、きわめ付けの悪人は必ずなんらかの処罰を受けるであろう。しかし、善・悪いずれでもない人びと、もしくはあまり注目するに値しない人びと［原文のまま］は、まったく見過ごされるであろう。これがわたくしの意見である。それは、わたくしがもつ神の正義の観念に一致しており、神がわたくしに与えた理性とも一致する。そしてわたくしは、神がわたくしに、この贈物〔理性〕をたくさん授けてくださったことにたいして感謝したい」(PT123)。

しかし、ペインの自信にもかかわらず、神への信仰とわれわれの道徳的義務の性質とのあいだの密接な関係についてのかれの説明は、じっさいにはかなり説得力に欠ける。人は、ペインが熱望したような生活を過ごすべきであるという規範は、神が存在するということからは推論できない。しかし、もしもわれわれがキリスト教の教えを受けいれているならば、こうした困難に直面することはない。なぜなら、聖書に啓示された神の意志は、われわれの道徳的権利と義務についてのかなり複雑なイメージを生みだすために用いられることができるからである。しかし、このような支援装置〔キリスト教の信仰〕がなければ、合理的な唯一神という仮説も、ペインが明白に〔到達〕可能だと考えていたような課題をけっして果たすことはできないのである。

その課題は、もしもわれわれが〔神の国の住人として選ばれるために〕来世に向けて道徳的行為をおこなおうとする動機に依拠するなら、より容易に達成できるであろう。しかし、これは、かれが通常認めているよりも小心な道徳観を生じさせるだけでなく、理性というよりは信仰の問題である仮説〔道徳的行為によって神に選ばれるということ〕に依拠することになる。ペインとは反対に、われわれは来世を信じる合理的根拠、あるいは、来世がどういうものであるかについての合理的根拠、さらには、ある行為をすると来世に招かれ、他の行為をするとそうではないとする合理的根拠をもたないのである。なるほど、もしもわれわれが合理的で正しい神を仮定するなら、神がとりあつかう来世を承認するなんらかの基準について論じることはできるかもしれない。しかし、来世が存在しないということは非合理的であるとはいえないし、また、人は来世に招かれると考えることも非合理的ではありえない。同様に、ペインの「〔神の〕選びに招かれなかった者」という範疇の設定――かれにはめずらしくエリート的な手法であるが――はほめられたものではない。この種の範疇の設定は、ペインが、教会には信徒でありながら貧困と苦労にあえいでいる者が数多くいるのに、教会は無慈悲にも知らん顔をする不道徳性しかそなえていないと見て、教会を軽く手打ちにした結果とみていい。しかし、その範疇が、神の「慈悲深さ」から、論理的に推論されたものではないことは明らかである。

　神の存在についてのペインの議論もまた不十分である。かれは、一八世紀に一般にとなえられていたふたつの説を結びつけている。すなわち、第一原因論と目的論的証明である。かれの前者についての証明はきわめて不正確なものであり、ものごとはすべてなにかによってひき起こされているのであるから、このなにかがすべてのものごとの原因にちがいないし、そしてこの「なにか」が神である、と想定する単純な論理的誤謬をおかしているようにみえる。またかれは次のように論じる。「第一原因とはなにかを認識することは人間の理解できない困難事である」が、第一原因を信じないことはその十倍もむずかしい（I. 484）。しかし、これはまったく浅はかな断定にすぎない。神の存在は、諸原因を遡及して合理的に考究すれば、そこで行き着くところなどというものではない。それでは諸原因は無限へと遡及すると言うのとなんら変わらない。ものごとを合理的に思考するという既存の規準のなかで、宇宙を奇妙な出来事とみなすことそれ自体が異常だが、それでは宇宙を説明するためにある神なるものの存在と行為を仮定する異常さと変わるところがない。もちろん、〔そのことと〕信仰はまったく別問題である。しかし、ペインは、有神論の合理的根拠に関心をもっていたから、かれは、懐疑主義や無神論にとらわれていた人びとが迷信から解放されることを訴えていた。それゆえ、合理性という法廷において、因果律から神の存在を導きだす〔ペインの〕論法は破綻する。また、ペインの目的論的証明も同じように欠点があり、残念ながらかれはヒュームの『自然宗教にかんする対話』〔一七七九年秋出版〕を読んでいないことがこれでわかる。この書は、ペインの内容のない主張にたいする充実した反論となっている。これは、ペインがみずから告白しているように、他の著作家の書物をあまり読んでいないということが悪く作用したひとつのケースである。

　このような欠陥は、キリスト教の正統派信仰に反論したペインの攻撃力を弱めるものではないけれども、無神論に抵抗するための合理的な根拠を用意しようとする試みをそこねてしまうものである。さらに、かれの道徳理論および政治理論が、合理的宇宙を支配する合理的唯一神という前提に依拠しているかぎり、この弱点は他の著作の妥当性をもそこなうという結果をもたらしている。このかぎりにおいて、われわれはペインの神学とともにかれの道徳思想および政治思想全体の欠点を指摘すべきであろう。

第5章　結論

自然権の根拠

著作全体をとおしてペインは、〔この世には〕一定の自然権が存在し、これを守るために社会と政府が樹立されたのであって、〔それゆえ〕それらは自然権を合法的に侵害することはできないと強調している。こうした権利についての説明はしだいに発展させられていったが、どの段階においても、かれの自然権への強い思いは明白であり、それが、君主および貴族による支配に反対し、共和政府を支持するかれの見解の支えとなっている。そして、このような見解が説得力をもつためには、こうした自然権の存在〔という主張〕に論理的に先行する頼みとなる議論が存在しなければならないのは明らかであろう。なぜなら、もしもそのような「人間が世々代々受け継いだ不可侵の権利」(I. 356) があるという主張を立証することができなければ、ペインの政治理論全体の基礎を危うくしてしまうだろうからである。

ところで、ペインの批判者たちの言に反して、ペインにかんする問題点とそこからでてくる帰結を避けるには、唯一、ペインの自然権という範疇の内容をもっぱら記述的なものとして——つまり規範的ではないものとして——とらえることが必要である。批判者たちは「自然権とは存在しているだけで人間が有する権利」というかれの主張を、〔人間が〕Xにたいし自然権をもつというのは、自然状態においてXにたいする権力をもつということだ、と解釈する。しかし、このような解釈はまったく妥当ではない。なぜなら、それでは、〔ペインの〕自然権の説明が、ロック的ではなくホッブズ的なものとなり、ペインの他の著作の性格とまったく合わなくなるからである。すなわち、そのような解釈は、ペインの市民権概念が、自然権にはそれを行使するための生まれつきの権力を備えていないものがある、ということを前提としているという事実を無視してしまっている。またそれでは、ペインが有する諸行為の範疇は、われわれが自然状態において行使する権力をもっている諸行為について——たとえば、他者に害を加えたり、動物を不必要に苦しめたりするような行為（I. 512）——であって、自然状態において行使する権利をもっている諸行為についてではない、ということを認めないであろう。ペインの自然権についての説明はまさに規範的である。たとえ自然権が理性の行使によって発見されうるとしても、またこの発見が、ついには、アメリカ革命とフランス革命にいたる長い歴史過程の一部分であったとしても、ロックと同様に、ペインは、われわれの自然権の内容は神に由来する一連の規範に拘束されると考えていたのである。くわえて、まさに自然権の内容が神と理性の双方によって承認されるものであるから、自然権は道徳的な重要性をもち、したがって、社会と政府は自然権を尊重する道徳的義務を負う、という主張の根拠づけのために用いられることができたのである。

しかしながら、これまでみてきたように、このような権利が神の手によってもたらされたという主張は、修辞学的には効果的であっても、ペインの考えの土台としては弱い。かれのキリスト教にたいする反対論は、ロックが啓示を〔その理論的〕支持の源泉としているとする利点をもっていないし、それどころか、合理的理神論を肯定するペインの信条は詳細な吟味にたえうるものではない。そして、こうした〔理論的〕困難に直面してしまうので、われわれは、初期のあまり懐疑主義的でなかった時代をふくめて、かれの著作を珍奇な書と位置づけることができるかもしれないし、あるいは、かれの政治理論が神学に依拠していることを再度問題とし、そのみせかけ上の〔神学的〕根拠を捨てて、かれの政治学の目的を救出する方法があるかどうかを考えることもできる。ペインのバーク批判にたちもどるならば、われわれは後者の選択肢を追求するほうに可能性を見いだすことができる、と思われる。

ペインがバーク批判に成功したのは、政治討論や政治参加からまったく排除されていた読者――バークによれば、神意によって人の言うことを聞いて暮らすよう定められた人びと――に手を差し伸べていたからである。ペインは、自分の読者を、自分の考えをもち自分の考えで決定することができる、独立した合理的行為者としてとりあつかうことによって、既存の体制が正統性をもつかどうか考えさせるようにした。かれは、自然権に直接訴えるよりはむしろ、読者を平等な人びととして語りかけ、その帰結として、かれらに政治的討議をおこなうことを認める共和国市民権を与えることで、バークに挑戦しているのである。この市民権は、自然権を求めるペインのより理論的な主張の本質的要素をすべてふくんでいる。かれは自己の主張の正しさを読者にわからせるために、かれらに自分自身で判断することのできる自然権を承認している。そして、社会と政府とのじっさいの組織について論じるさいには、ペインは読者にたいし、多数意見によって結論をだす集団的なやり方に参加するようすすめている。「この国のすべての人の手に、あらゆる主題について書かれた」自分の著作を手にとるようにさせ、また、「公衆のうちの、こうした問題をあまり知っているとは思われない知的水準の人びとに」自分の著作を差しだし、無理やり読ませ、さらには「無学な人、騙されやすい人、むこうみずな人に」進言することによって、ペインは、一八世紀イングランドの下層階級にこの市民権をもたらしたのである。かれの著作が、現体制にとってきわめて破壊的であった理由は、かれがすべての人に理解できる仕方で書いていただけではなく、そのような方法によって、読者が自分のことは自分で判断するという自己の権利に気づかせることになっていたからである（引用は、ペインの『人間の権利』第二部にたいする反論を要約した法務長官の演説からとったものである（ST381-3））。

ところで、ペインが読者に市民権を認めていた共和国における政治的討議にさいしては、遵守されなければならない一定の基本的規範があった。すなわち、ものごとを探究するさいの基礎的道具は理性であること、基本的なデータを提供するのは証拠であるということ、および真理探究が〔政治的討議の〕目的であること、という規範である。暴力と欺瞞は合意を達成するための合理的規範を破るので、参加者の資格権利を侵害してしまう。政治討論は、参加者のあいだでの合理的手段によって合意を求める活動とみなされる場合にのみ、その目的を達成できるのである。その結果、こうした活動の結果にかかわりのあるすべての合理的人間は〔討論に〕参加する権利を有し、この権利は合理性という規範にしたがう義務を必然的にともなうことになる。そうした見解をすっきりさせたものが、近年ユルゲン・ハーバーマス〔一九二九―〕によってとなえられているが、ここではかれの見解にまで踏みこむ必要はない。しかし、ここでぜひ理解してほしいのは、人間は一定の自然権を有するということを主張するために、ペインは神学に依拠することを求めていないということである。そしてこれらの主張は、かれがじっさいに論じていることからかれの著作の実践的な影響力と意図とはなにかという点についてわれわれの注意を移せば、より確実なものとなるであろう。まさにこのなかで、かれは真理の探究へと方向づけられた、平等な人間のあいだでの合理的討論は調整可能であるという理想を強くもっていたことがはっきりとわかるのである。そしてこうした理想自体は、参加する人びとがこの参加権――この権利を正当化するためには先行論議は必要としない――を、無効にしない場合にのみ実現できる、というわけである。われわれは、晩年のペインの啓蒙的楽観主義と合理主義には賛成できないかもしれないが、われわれが懐疑主義を抱いているからといって、かれの真理探究の志向性（かれの自然権の主張を支えるもの）についてまで疑うわけにはいかないのである。懐疑主義になると、暴力と欺瞞が審議のあり方についての合意をえるために必要である、と主張することになるだろう。これでは代償が大きすぎる。

ところで、最近のペイン研究者たちは、かれの手法――大筋をずばりということば使い、わかりやすいいいまわし、そして気取りのない文章は、「支配されることにはなれていないが、自分に向けて書かれている文章にはなれていない読者の注目を集め、信頼を獲得することを意図している文体」（MB109）――を適切にも強調している。ペインの文体と、それがかれの狙っている目的にどれくらい貢献したかについてのかれらの分析は、われわれがかれの功績を評価するうえではおおいに役立ったが、他方では、このペインの功績をあまり積極的に評価しない立場もある。

広範な公衆に意見を伝えるペインの能力は、国家がこれまで用いてきた国家を正統化する伝統的なやり方を変えるうえで大きな示唆を与えた。しかし、これは、かれが真の意味でのまったく新奇なかつ民主主義的な文体を用いていたからではない。かれの表現様式は、「大衆に訴えるうえでの」成功の必要条件ではあっても、十分条件ではない。そしてそれが必要条件であるのは、もしもかれが一般のしゃちほこばった文体で書いていたとしたら、おそらく理解できないままであったと思われる読者を新しい表現形式によって開拓することができたからである。しかし正確にいえば、一八世紀後半におけるこうした読者は、政治的討議や政治活動から排除されており、そしてこのような時代だったからこそ、ペインの著作は読者に強大な衝撃を与えたのである。なぜなら、こうした読者にひとたび影響が伝播されると、その読者たちは、ただちに、かれらの国家への忠誠心をもう一度確保させようとする、保守主義的・福音主義的およびナショナリズム的な宣伝活動の標的となったからである。こうして、ペインは、この貴族的国家に新しい正統化の方法を見いださせただけでなく、正統化はいかにして獲得されうるのか——きわめて異なる〔かれの〕一連の信条を少しずつ広める一方で、かれ独自の表現法と伝達方法をくり返すことによって——を（無意識に）提示していたのである。一七九五年から一七九六年のあいだに、政府と王党派団体は、ハンナ・モア〔一七四五—一八三三〕の『廉価版叢書（*Cheap Repository Tracts*）』を約二〇〇万部印刷配布するための資金を拠出した。このパンフレットは、一ペンスで売られ、貧困者が、「実りのある懺悔」をおこない、カエサル〔現世の支配者〕にたいする自己の義務をまっとうし、神を恐れ、そして国王をうやまうように教えるものであった。自由で平等な行為者間のコミュニケーションが抑圧されていない世界においては、多くの人は、〔このパンフレットのような〕メッセージに賛成できないであろう。しかし、一八世紀末の下層階級の世界においては、ペインの教えにこたえて自分たちの生命や自由を賭けるよりも、モアの福音主義的な薬物を甘んじて飲むほうがたやすいと考える者のほうがたしかに多かった。そしてこの教訓は、おそらく次のことを教えてくれているのであろう。すなわち、政治的討議をおこなう共和国の構成員になろうという提案は、それを受けいれることがかなりのリスクをともなう場合、その提案は限定的なものになるであろうということ、いいかえれば、慎慮と理性の指示は、必ずしもつねに一致するわけではなく、それらが一致しない場合には、慎慮と思うことがらを理性に指示されたものとまちがいやすいということである。

人間像について

さて、以上のペインの諸著作を検討することによって、かれは、その個人的な習癖や欠点が原因となって、知的で明晰な叙述ができなかったわけではない、ということが論証された。したがって、かれは、あてこすりや中傷などあらゆる手段を用いてかれを誹謗攻撃する人びとから擁護されてしかるべきであろう。しかし、ペインの著者としての整合性については、いぜんとして問題がないわけではない。ハワード・ファーストの小説『市民トム・ペイン』〔一九四三年〕やとりわけポール・フォスターの戯曲『トム・ペイン』〔一九六七年〕のような作品は、ペインの合理主義にはさまざまな心理的コンプレックスや苦悩がかくされていると主張し、また常軌を逸しているといわれているかれの私的および社会的行為については、ペインの社会の「上位者」にたいする態度から説明している。このような作品は部分的にはそれなりに楽しませてくれるが、説得力はない。それらは、大体においてきわめて評判のよくないペインの伝記的資料を「証拠」としてもちだしてきている。その結果、ペインは大酒のみの飲んだくれで、やたらと毒舌を吐く人物とされるのである（しかし、これはまったく不当な評価で、当時の記録によると、かれは、もしも下品な内容の討論がなされると、さっさと部屋をでていってしまうだろうといわれている）。また、ある者は、かれは売春婦を買っていたといい（ある者は、かれは性的不能者であったという）、あるいは、かれはよく、親の権威や政府の権威にたいしてきわめて反抗的な態度をとったといわれているが、こうしたペイン評価からは参考になるところはまったくないし、そのなかのいくつかのペイン評価はペインを理解するうえでたいへんなさまたげになってさえいる。おそらく、数多くの要素が革命家という天職をになうようペインを導いたことはまちがいない。しかし、（もしもわれわれが、すべての革命家を、重い情緒〔不安定〕障害者であると決めてかかる者でなければ）かれがもっぱら深層心理における情緒不安につき動かされていたと考える理由はまったくない。ペインは、かれが批判した統治制度を本来的に不正なもの（またじっさいにそうであった）とみなし、この見解には十分な根拠があると信じていた。そして、生まれつきの才覚と能力、またアメリカ革命の初期にフィラデルフィアへとかれを導いた多くの幸運な事情とによって、かれは、同時代の何千人もの人びとを納得させた方法を用いて、自分がもつ、不正とはなにかについての考えを伝達する手段を考案した。またかれは、読者たちが自分の確信を共有できるような、根拠を示すと思われる方法によって、それを伝えようとしていたのである。じっさい、かれの著作はこんにちまで生き残り、いまでも読まれて読者に影響を与えている。そのもっとも重要な理由のひとつは、文体の表面にはでてこないことなのだが、ペインには、同時代の政治を理性の法廷の審判にかけるという明白な決意と職務への献身さがうかがえるからにほかならない。このような献身はまた、人によっては、あまり人好きのしないようなかれの特性のなかにはっきりとあらわれていた。とくに有名なガヴァナー・モリス〔一七五二―一八一六〕のようなかれの同時代人や、かれと同じような高い社会的経済的地位に登りつめた人びとは、ペインを紳士的な礼儀作法に欠けているとあざけり、とてつもなく利己的で傲慢な奴であると非難した。しかし、この利己的とか傲慢というような特徴は、かれの書簡のなかにも、また国内・国際問題において重要な役割をになうことになるこのひとりの職工〔ペイン〕にそれほど腹を立てることもなかった同時代人たちの記述のなかにも、いっさいみられない。ペインは、政治思想の大家たちの作品については無学であると称する一方で、じつは自分の著作は暗記していて、ひとまえでそれを暗誦してみせたり、またあるパンフレットから他のパンフレットへと各節をそらんじたりしたという事実があるので、傲慢と映った面もあったであろう。また、かれがかつて、世界中のすべての図書館が焼け落ちたとしても、もしも自分の本をもって再建をはかるならばさして問題はない、と述べたという話がある。しかし、それも結局のところは、ペインがおそらくわざと怒らせようとした敵対者からの証言による話なのである。たとえそれが真実だったとしても、それはたんに、ペインは、自分が心から誠実さをもっておこなったことを信じていた、というわれわれの考えを強めるにすぎない。〔ペインを〕誹謗する人間からかれを守るのに必要なのは、ただこの誠実さだけである。

貢献度

ペインの作品は、その主要な諸原理を、こんにちでは自由主義的な思想の伝統として考えられているものに負っている。この伝統は、保守主義と同じく、一九世紀の発明品である。ゆるやかに統一されていた伝統を分岐させたのはフランス革命であった。バークはこの保守主義的伝統の重要性を明らかにし、他方で、ペインはそれを人民主権と権力制限的統治とを結びつけるべき代表制民主主義を成立させることを意図した、急進主義的な政治変革のためのプログラムに変えた。ペインの後期の著作は、アメリカ革命の成功に触発され、無知と迷信、世襲政府とキリスト教会の崩壊が切迫していると宣言し、また、君主政の廃止と商業の拡大普及をつうじて国際平和が達成される未来を予言している。こうした後者〔代表制民主主義〕への強い関心から、かれの思想と一九世紀初頭に出現した社会主義とのあいだにはへだたりがあることがわかる。かれはまた後期の著作においてある種の福祉国家をはじめて提案し、その輪郭をえがいてみせている。そしてより重要なことは、累進課税によって集められたそのような準備品（金）が、正義〔実現〕の問題として貧困者に支給されなければならないことについて、必要な議論を展開している。

こうした議論の政治思想への貢献度は少なくない。かれの思想の基本部分だけをみても、かれは、政治思想家のうちで、少なくとも中程度の地位を占めることはまちがいない。かれは、政治や歴史を学ぶ大学生なら、たとえじっさいには読んだことはなくても、少なくともその名前くらいは聞いたことのある人物の一人であろう。しかし、これらは学問的な評価基準ではあっても、必ずしも適切ではない。同様に、ペインの影響を受けたと思われる著述家を探すことも、あまり実りがあるとは思われない。とすればわれわれは、ペインを評価するためには次のふたつの根拠から考えてみるほうがよいであろう。

そのひとつはかれの個人的な業績をみることである。三七歳のとき、かれはコルセット職人も収税吏もやめていた。亡くなったときには、かれは同時代人からはうとまれていた。しかしそれまでの期間は、かれが親しく交際し、しばしば〔思想的に〕影響を与えたのは、当時のアメリカ、フランス、イングランドにおける傑出した人物ばかりであった。かれは二人のアメリカ大統領（ジェファースンとモンロー）とは親しい友人の関係にあり、もう一人の大統領（マディスン）とは相互に尊敬し合う友人であった。〔他方で〕二人の大統領（ジョン・アダムズと、父親のために『人間の権利』にたいし『プブリコラ』という文書で答えたジョン・クインシー・アダムズ）にとってはペインは敵対者であり、またもう一人の大統領（ワシントン）とは当初は友人であったが、のちに大統領の辛辣な批判者となった。おそらくかれはアメリカ革命においてはだれよりも活躍した一人であり、一七九〇年代のイングランドにおいてはもっとも影響力をもったただ一人のパンフレット作者であり、また、たとえその政治力学を十分につかんでいたかどうかはあやしいとしても、フランス革命においても重要人物であった。さらに、かれの『理性の時代』は、イングランドとアメリカの双方における宗教論争と信仰にたいし、深甚かつ長期的な衝撃を与えた。このことは、かれが人生を「目的をもって生きてきた」（AA125）と述べていたことを実証するものである。

もうひとつは、おそらくは、先ほどのことよりもさらに重要な評価基準であると思われるが、それはペインの一般大衆にたいする影響力である。労働者クラブや労働者団体がたえず廉価版を再版し、流通してくれたおかげで、何世代にもわたる勤労者たちが、男女を問わずペインの政治的および神学的著作を読んでいる。この人たちこそが、ペインが〔その思想を〕伝えようとしていた読者たちであり、かれが何十年もかけて求めてきたものであったことはほぼまちがいない。読者たちがかれから学んだことは、政治や宗教の本質的な教説というよりはむしろ、自分自身で判断するという権利意識、つまり、政治組織を作りあげ、体制に挑戦するのに必要な独立独行の精神と自信とをもたらすものであった。ペインは、（かれの諸原理の多くは自由主義的であるけれども）自由主義者というよりはむしろ、革命的民主主義者ととらえるほうがより適切である。なぜなら、かれの著作の核心は、一般読者や市民にたいして、世間で受けいれられているあらゆる通常の知識を問題にして、主権者人民の構成員として、〔政治に〕参加する権利が完全に満たされるよう要求すべきである、と教えることであった。この要求には自由主義的な面が数多くみられるけれども、それは、自由主義を公言する国民国家のほとんどが広範な政治的社会的変革を導入することなしには達成することができなかったものであり、このことは、ペインの時代がそうであったのと同じく、二〇世紀の現在においても真実である。

一人の政治哲学者としてのかれの地位は他の著作家たちほどには偉大ではないかもしれないが、献身的かつ実践的な民主主義者としてのかれの地位に匹敵する人がいるとは考えにくいであろう。

文献案内

ペインの著作の大部分がおさめられているのは、フィリップ・S・フォナー編集の著作集、*The Life and Major Writings of Thomas Paine*, ed. Philip S. Foner, 2 vols. (Secaucus, N. J.: The Citadel Press, 1948) である。ただし、これにはいくつかの文書と若干のパンフレットがふくまれていない。後者の発見は主としてA・O・オールドリッジによるものである。かれは、これらについて、ペインの伝記、A. O. Aldridge, *Man of Reason: the Life of Thomas Paine* (London: Cresset, 1960) と、より最近の *Thomas Paine's American Ideology* (Newark: University of Delaware Press, London: Associated University Press, 1984) との両方で言及している。ペインの著作のなかでもきわめて著名な『コモン・センス』と『人間の権利』は、多くの種類のものが出版されているが、ペンギン社版が入手しやすい。ペンギン社はまた、主要著作とともに、あまり知られてはいないが重要ないくつかの作品をおさめた貴重なペイン全集、*Thomas Paine Reader*, ed. M. Foot and I. Kramnick (Harmondsworth; New York: Penguin Books, 1987) をだしている。

ペインの伝記のうち最良のものは先述のオールドリッジのもののほかに、モンカー・コンウェーの次のような先駆的研究がある。Moncur Conway, *The Life of Thomas Paine: with a History of his Literary, Political, and Religious Career in America, France, and England* (New York: G. P. Putnam's, 1892). W・E・ウッドワードのペイン伝はあまり学究的とはいえないが、なかなかに楽しめる。W. E. Woodward, *Tom Paine: America's Godfather, 1737-1809* (London: Secker and Warburg, 1946). より最近の伝記研究としては、D. Hawke, *Paine* (New York: Harper and Row, 1974) 以外にはよいものがない。D. Powell, *Tom Paine: the Greatest Exile* (London: Croom Helm, 1985) は、ペインの生涯を再構築しようという意欲的研究であるが、思い入れが激しすぎて、その主題をかなり台無しにしてしまっている。*Citizen of the World: Essays on Thomas Paine*, ed. Ian Dyck (New York: St Martin's Press, 1988) も、A. J. Ayer, *Thomas Paine* (London: Secker and Warburg, 1988)〔邦訳『トマス・ペイン』大熊昭信訳、法政大学出版局〕も、ペインとかれの思想についてのわれわれの理解があまり深められるものとはなっていない。ただし、ダイクの論文集のなかでの、ジョージ・スペイターの章、George Spater, "The Legacy of Thomas Paine" は有益である。

ペインのアメリカでの活動にかんする最良の研究書は、E. Foner, *Tom Paine and Revolutionary America* (New York: Oxford University Press, 1976) である。オールドリッジの *Thomas Paine's American Ideology* は、申し分のない研究であるが、フォナーの研究書やか

れ自身のペインの伝記ほどには成功していない。B. Bailyn, *The Ideological Origins of the American Revolution* (Cambridge, Mass., Belknap Press of Harvard University Press, 1967) と、G. Wood, *The Creation of the American Republic 1776-1787* (first published, Chapel Hill: University of North Carolina Press, 1969, reprinted, New York: Norton, 1972) は、基本的には時代背景を説明した研究である。他方で、R. Bloch, *Visionary Republic: Millennial Themes in American Thought 1756-1800* (Cambridge: Cambridge University Press, 1985) は、この時代のアメリカの政治思想を理解するうえでの、きわめて重要な特徴を教えてくれている。また、J・G・A・ポーコックの研究、とくに次の著書、J. G. A. Pocock, *The Machiavellian Moment: Florentine Political Thought and the Atlantic Republican Tradition* (Princeton; London: Princeton University Press, 1975) は、この時代にとり組む研究者たちに、きわめて大きな影響を与えている。

　イングランドにおけるペインについての研究には次のようなものがある。R. R. Fennessy, *Burke, Paine, and the Rights of Man: a Difference of Political Opinion* (The Hague: Martinus Nijhoff, 1963) は、イングランドでのペインに言及した伝記であり、より広い文脈から研究したものとしては、H. T. Dickinson, *British Radicalism and the French Revolution, 1789-1815* (Oxford; New York: Blackwell, 1985), I. Christie, *Stress and Stability in Late Eighteenth-Century Britain: Reflections on the British Avoidance of Revolution* (Oxford: Clarendon Press;

New York: Oxford University Press, 1984), A. Goodwin, *The Friends of Liberty: the English Democratic Movement in the Age of the French Revolution* (London: Hutchinson, 1979) および E. P. Thompson, *The Making of the English Working Class* (Harmondsworth: Penguin, 1968) などがある。

ペインの文体にかんする研究としては次のものがある。J. T. Boulton, *The Language of Politics in the Age of Wilkes and Burke* (London: Routledge and Kegan Paul, 1963). O. Smith, *The Politics of Language, 1791-1819* (Oxford: Clarendon; New York: Oxford University Press, 1984). M. Butler, *Burke, Paine, Godwin and the Revolution Controversy* (Cambridge: Cambridge University Press, 1984).

ペインのフランス時代にかんする研究としては、オールドリッジの伝記を筆頭に、これまでにあげた伝記がもっともよい資料である。だが、フランス革命についての標準的な研究書（標準的な研究とはいっても、内容的には短命であって、革命二〇〇年祭までには、その寿命はさらに短縮されるであろう）と併用して読んだほうがわかりやすいであろう。

ペインの神学にかんする研究にはとくにこれといってよいものはないが、L. Stephen, *History of English Thought in the Eighteenth Century* (first pubished, London: Smith, Elder, 1876, reprinted, New York: Harcourt, Brace & World, 1962) の第一巻は、時代背景にかんするすぐれた概論であり、ペインについての論考もふくんでいる。しかしこの本は、初期の論争

にかんする詳細な説明をしているH. G. Reventlow, *The Authority of the Bible and the Rise of the Modern World* (London: SCM Press, 1984) よりは見劣りがする。また、J. Mackie, *The Miracle of Theism: Arguments for and against the Existence of God* (Oxford: Clarendon Press; New York: Oxford University Press, 1982) も、ペインの主張を評価するうえでは役立つものである。

ペイン生誕二百五十周年を祝う一九八八年の大会において、L・カーク（L. Kirk）、E・ロイル（E. Royle）、G・クレイズ（G. Claeys）、M・チェイス（M. Chase）が報告し、その後 *Bulletin of the Society for the Study of Labour History*, 52(3), 1987, pp. 3-40 という雑誌におさめられ公刊された諸論文の内容はきわめて多岐な問題をあつかっており、ペインにかんする多数のさまざまな雑誌論文の模範となる入門の役割を果たしている。

この書物において、わたくしは、John Rawls, *A Theory of Justice* (Oxford: Clarendon Press, 1972) および Jürgen Habermas, *Legitimation Crisis* (originally published, Frankfurt am Main: Suhrkamp, 1973, translated from the German by Thomas McCarthy, London: Heinemann Educational, 1976) と *The Theory of Communicative Action*, vol. 1 (translated from the German by Thomas McCarthy, Boston: Bacon Press, 1984)〔邦訳『コミュニケイション的行為の理論』（全三冊）、河上倫逸ほか訳、未來社〕を参照した。Q・スキナー編集による論文集 *The Return of Grand Theory in the Human Sciences*, ed. Q. Skinner (Cambridge; New York:

Cambridge University Press, 1985)〔邦訳『グランドセオリーの復権』加藤尚武ほか訳、産業図書〕のなかには、(アラン・ライアンによる) ロールズと (アンソニー・ギデンズによる) ハーバーマスの両者にかんするきわめて明晰な紹介論文がおさめられている。

解説　近・現代思想の架橋者トマス・ペイン
——自然権・自然法思想と福祉国家観との接合

一、はじめに——三冊の「革命書」

世界の大思想家と呼ばれる人たちには必ずこれぞ一冊といわれる本がある。プラトンの『国家』、アリストテレスの『政治学』、キケロの『国家について』、アウグスティヌスの『神の国』、トマス・アクイナスの『神学大全』、マキアヴェリの『君主論』、ルターの『キリスト者の自由』、カルヴァンの『キリスト教綱要』、グロティウスの『戦争と平和の法』、ホッブズの『リヴァイアサン』、ロックの『政治二論』などなど、人類史上決して消え去ることのない不朽の名著である。

しかし、その一冊が即効性をもちかつ確実に眼に見える形で世界を変えたという本になると人類史上わずかに三冊しかない。ルソーの『社会契約論』（一七六二年）、ペインの『コモン・センス（常識論）』（一七七六年）、マルクスとエンゲルスとの共同作品『共産党宣言』（一八四八年）である。この三冊の本はいずれも小冊子ながら、当時のフランス、イギリス、アメリカ、ドイツに蔓延していた現状不満を解決するために人びとを断乎立ち上がらせた「革命の書」である。

ところで、この三人の思想家のうち「フランス革命の父」と呼ばれたルソー（一七一二～七八）の『社会契約論』は、その後の近代世界いや二一世紀の現代社会においてさえも、人びとが民主主義の原理を検証しようとするときには必ずその書に立ちもどって読み返される政治・社会思想史上の超人気ナンバーワンの「古典中の古典」である。

ルソーの本がすぐれているのはイギリス市民革命〔ピューリタン革命（一六四〇～六〇）と名誉革命（一六八八）〕期の二人の偉大な政治思想家ホッブズ（一五八八～一六七九）とロック（一六三二～一七〇四）のうち、とくにホッブズの「国民主権論」〔生命の安全と自由を保障するために契約して「力を合成」して設立した人民の「共通権力《コモン・パワー》」は、国王・議会・ギルド・教会などの中間的諸権力よりも上位にある包括的権力とする政治・法理論。ホッブズによればこの共通権力の体現者は主権者（最高権力者）と呼ばれ、それは、「人民福祉《サルス・ポプリ》」の立場をとる国王あるいは少数の集団たとえば議会のようなものでもよい〕を、おそらくはスピノザ（一六三二～七七）の政治的著作を通じて学んだと思われるが、ホッブズの政治思想（『市民論』や『リヴァイアサン』）から遅れること約百年後、当時の絶対王政下〔フランスでは一六一四年から一七八九年の一七五年間「三部会」（身分制議会）が一度も開かれなかった〕にあって苦しんでいたフランス人民にたいして、人間にとって最も大事なことは「生命の安全」と「自由・平等の保障」にあること、またそのことを実現・享受するためには人民がみずからの意志で力を合成した「一般意志《ヴォロンテ・ジェネラール》」（人民力）にもとづいた政治（政府）形態を構築すべきことを示したことである。こうしてルソー的フランス革命の精神は、一八世紀末の専制君主政下で苦しんでいた全ヨーロッパの人民にデモクラシーの思想原理を拡大した（隣国ドイツの大哲学者老カントや若きヘーゲルがフランス革命に熱狂したこと、また一七九二年九月二〇日の「ヴァルテルミーの戦い」でのプロイセン軍の敗北を見ていたゲーテが「今日から世界史の新しい時代が始まる」と言った話は有名である）。こんにち、人びとがデモクラシーの典型といえば必ずフランス革命を想起し、それに範を求めるのはそのためであろう。事実ルソーの思想は、近代日本形成期の自由民権運動のなかでも日本近代化の思想原理として大きな影響を与え（ちなみに明治啓蒙期における外国人思想家の御三家は、ルソー、ミル、スペンサーであった）、また戦後日本の「民主改革期」に、ルソーの『社会契約論』が次に述べるマルクスの諸著作とともに、当時の旧制高校生・大学生などの青年層に熱狂的に読まれたのはそのためであった。

ところで近代史上、最も巨大な影響を与えたのはおそらくマルクス・エンゲルスの『共産党宣言』であろう。この不気味な妖怪（『宣言』）がひとたび地上にその姿を現わすや、その力強いコンパクトな小冊子は貧困に苦しんでいた国民大多数を占める労働者階級（農民階級の大半も）の「聖典《バイブル》」となり、ヨーロッパ各地で「不平等の是正」を求める労働（農民）運動が起こり、『宣言』発表後わずか六〇年足らずの一九一七年についにヨーロッパの後進大国ロシアの地において世界初の「社会主義国家」が誕生した。

もっとも、こうした資本主義の矛盾（利潤獲得至上主義から結果する恐慌の発生、失業・貧困などによる不平等・格差問題）に内在したさまざまな社会・労働問題は、一八世紀末にはイギリス・フランスなどの先進資本主義国家ではすでに認識されており〔ルソーの『人間不平等起源論』（一七五五年）がそのはしり。またスミスが『諸国民の富』（一七七六年）を書いた頃には早くもヨーロッパでは、商業恐慌が起こっていた〕、一九世紀中葉には、ヨーロッパ各国の支配層を震撼させたいわゆる「一八四八年革命」という名の革命が連鎖反応的に起こった。そしてこの革命の特徴は、イギリス革命やフランス革命とは異なり労働者階級がはじめて革命の主役として登場したことである。このためイギリス・フランス・ドイツをはじめとする先進（中進）資本主義国家ではいよいよ福祉政策や社会保障制度や労働立法などの諸措置を取り入れたいわゆる修正資本主義的政策や福祉資本主義への道を追求するための方向転換を試みるが〔ドイツのビスマルク（一八一五〜九八）の「飴と鞭の政策」、イギリスのトマス・ヒル・グリーン（一八三六〜八二）の提唱にもとづいたイギリス自由党の政策転換――一八八一年のニューキャッスル党大会で自由党ははじめてそれまで金科玉条としていた「私有財産の不可侵」という自由主義の基本原理を、「公共の福祉」のためには「個人財産の制限もありうる」という社会権的自由主義へと転換して社会・労働政策の実現を綱領に盛り込んだ――など〕、もはや労働者階級優先の政策を求める社会・労働運動の勢いはとまらず、とくに一九二九年にはじまった世界大恐慌を経験した資本主義諸国家においては、資本主義の矛盾やほころびを修正する程度では問題の根本的解決はとうてい不可能であるとの認識が労働者階級はもとより資本家階級のあいだでも確信されるに至った。

その国際的なかつ過激な対応の仕方が、第一次世界大戦後から第二次世界大戦まで（一九二〇年代から三〇年代末）のいわゆる戦間期つまり「危機の二〇年」のあいだに起こった。そのひとつは、イタリア・ドイツ・日本などの後進的ではあるが英米仏に次ぐ有力資本主義国家の採ったファシズム（この三国では自由主義経済を基本とする英・米・仏などの先進資本主義国家に追いつくために経済的には国家主導型の計画経済を、政治的には国家行動を最優先するために個人自由を極度に制限し、国際的には植民地再分割を主張して国家主義・ナショナリズム・軍国主義を強調し、侵略戦争を正当化した）的政策であった。

もうひとつは、『共産党宣言』を「聖典」とした労働者階級の「社会主義革命」による社会主義国家〔マルクスたちが『共産党』宣言」とネーミングしたのは、一八四八年当時の政治・社会運動のうち社会主義（サン・シモンらの空想的社会主義者を指すものと思われる）を代表していたのはブルジョア（市民）階級であり、共産主義を代表していたのが労働者階級であると認識していたためである〕の建設であった。

しかし、前者は「市民革命」以来の人権思想を無視したそのあまりにも非人道的で偏狭なナショナリズム（超国家主義）と好戦的な思想のゆえに、さまざまな矛盾をかかえながらも「市民的自由」の一線は護ろうとしていたいわゆる自由主義的市民国家群英・米・仏と全面衝突すること（第二次世界大戦）になり、またファシズム国家は強烈な反共主義をかかげたため、それまで「鉄のカーテン」におおい隠されていたソ連邦が連合国側に加担して参戦したことによって（この資本主義国家と社会主義国家との同盟は、両陣営のあいだには自由・民主・平和思想において共存できる要素が根底にあったことを証明している。そしてこのことが、一九八九年の「冷戦終結宣言」を可能にしたものと思われる）、ファシズム国家はその誕生後わずか二三年で（一九二二年のイタリアのファシスタ党政権誕生から一九四五年の日本の敗戦まで）あっけなくこの地上から姿を消した。ファシズム国家の崩壊は、市民革命以来約三〇〇年間続いて発展した欧米民主主義思想原理の勝利を確定した。

ところで、後者の社会主義の思想と制度はソ連国家の誕生以来七四年間生き続けた。その理由は二つある。ひとつは、その政治目標が人民主権と万民平等をかかげていたことである。平等がなければ自由は「絵にかいた餅」にすぎず、階級社会のない平等社会においてのみ人民主権と自由は真に達成されることを人びとは本能的に感じとっていたから、第二次世界大戦後の戦乱による荒廃と貧困化にあえいでいた諸国家内の労働者階級のあいだで――ときには中産階級までをもまき込んで――社会主義・共産主義が、自由競争を強調する「市場原理」に立つ資本主義国家にとって代るべき理想社会実現の政治・経済思想として、一時期大ブレイクしたことは当然であったろう。そしてこうした思想状況は大戦終結後の各国人民のすべてが実際に体験したことであった。

とくにソ連が第二次世界大戦終結時に多大の役割を果たした〔ソ連が大戦に参加することを約し

たのは「ヤルタ協定」である。これは、米のルーズベルト、英のチャーチル、ソ連のスターリンの三首脳がクリミヤ半島のヤルタで結んだ協定（一九四五年二月四日～一二日）。独の無条件降伏とソ連の対日参戦、米・英・仏・ソの戦後の分割占領を定めた〕ことから、東欧・アジア諸国に次々に社会主義国家が誕生し、この地上において、社会主義勢力は人口にして三分の一以上、領土にして四分の一以上を占めるに至った。ここに資本主義国家群対社会主義国家群とのあいだに「冷戦対決状態」が発生し、この対立は敵を殲滅するまでは終わらないほどのきびしい敵対関係（カール・シュミット）となり、それは「世界最終戦争」の到来を思わせた。しかしソ連を先頭とする東欧諸国の社会主義経済は、アメリカが主導する欧米資本主義経済との競争に破れ――ただしこんにちでも中国だけが（ベトナムも）、市場経済を大幅に導入してその後も経済発展を遂げ続けサヴァイバルしている――、一九八九年の後半以降、東欧諸国は脱ソ連化をはかり、自由化・民主化改革を目ざし〔とくに「ベルリンの壁崩壊」（一一月一〇日）〕、一九九一年一二月二一日にはついにソ連社会主義体制自体が崩壊した。そしてここでとくに強調しておきたいことは、ソ連型体制が「社会主義体制」を護ることを最優先させ、市民革命以来の人類最高の原理である「人間の自由と人権」を抑圧してきたことが社会主義体制を崩壊させた最大の理由であったという点である。

こんにち、世界中はアメリカ主導型の市場経済の勝利を謳歌しているかに見える。しかし、かつてマルクスたちが指摘した貧困・失業などの経済的矛盾にもとづく社会的不平等、民族間の抑圧・対立などによるナショナリズムや宗教問題をめぐる対立はいまだに根本的には解決されていない。人類は、戦後資本主義の経済や社会の発展による恩恵を受けるうちに、いつしかマルクスが指摘した資本主義体制に内在する基本的な矛盾である恐慌とそれに起因する失業・貧困などの悲惨さを忘れ、とくに資本主義国家の支配層は二〇世紀末の社会主義国家・社会の崩壊という事態に便乗して、まるで自由主義経済が自力で勝利しまたこのまま永遠に優位を保ち続けるかのような気分になり、さまざまな社会的矛盾を隠蔽したままに安住している感がある。

そして、こうした二一世紀初頭における社会的・国際的不安を解消する方法としては、制度的には、EU（ヨーロッパ連合）に結集しているヨーロッパ型連合体の形成から学ぶ必要があろうし、思想的には自由・平等・平和というギリシア・ローマ以来、ルネサンス、宗教改革、市民革命、社会主義革命を経て現代に至るまで追求され続けてきた民主主義の三大原理を全人類的に共通理解することである。それはより具体的にいえば、市民革命の精神原理（自由）と社会主義革命の精神原理（平等）を同時に学習し理解することであろう。しかし、この両者を包括的な視野に入れて理解することはだれにとっても必ずしも容易なことではない。そしてこうした問題を考えるさいの格好の素材となるのが実は、いまここで解説しようとしているトマス・ペインの思想である。なぜならペインは、一八世紀末から一九世紀初頭にかけての世紀の大転換期に、アメリカ独立戦争、フランス革命、イギリス労働運動の実態分析を素材にして、「市民革命」が積み残した政治的自由の問題や経済的・社会的不平等の問題を解決しようとしただけでなく、このときすでに一世紀後に本格的に登場してくるであろう「福祉国家」の形成を展望した思想と理論を提起していたからである。われわれは、かれのこうした「転形期」における思想的営為から多くのことを学ぶことができるはずである。

二、ペインはこれまでなぜあまり評価されなかったか

ペインの『コモン・センス』は匿名で出版されたが、このことは母国イギリスとアメリカ植民地との武力闘争が一触即発寸前であったにもかかわらず、いまだにこの時点で植民地人たちが「独立」の言説を口にしたり「独立」運動を推進することが、当時いかに危険な行動であったかを物語るものである。

ペインの『コモン・センス』〔このタイトルは、一八世紀三〇年代からはじまったイギリスの反政府運動の大衆誌『コモン・センス』からヒントをえたのではないかと思われる。また原稿ができ上がったときペインがラッシュ（独立宣言の署名者）に相談すると「コモン・センス」がよいであろうと答えたという話もある〕は出版されてからわずか六ヵ月あまりでそれまで独立をためらっていた植民地人たちをして「自治」から「独立」へと〔「自由かしからずんば死か」（一七七五年）――ヴァージニア州議会でのサー・パトリック・ヘンリーの演説。ちなみにニューヨークのケネディ空港はかつてはサー・パトリック・ヘンリー空港と呼ばれていた〕決起させた画期的著作であった。この小冊子の政治社会に与えた即効性はル

ソーやマルクスらの著作の比ではなく、またその効率性は近代史上まったく未知の「新生国家アメリカ」の建設を現実のものとし、さらには階層的・人種的・国家間格差に苦しんでいた世界中の何百万、何千万の人びとに大いなる勇気と希望を与えた。ペインにとって「コモン・センス」という用語には二重の意味があった。ひとつは植民地支配を「常識」（普通）と考えている人びとをそのまま許しておいてよいのかということを植民地人に考えさせた点、もうひとつは、いまや「独立」は植民地人にとって「常識」（良識）になったと考えるべきことを人びとに突きつけた点にあった。『コモン・センス』が植民地人の心を一挙に発火させたのはこのためであったろう〔そのほかペインは「コモン・センス」を「平明な真理・正義の原則」と考えていたとも言われている〕。

にもかかわらず、欧米はもとより日本においてもペインの研究が少なくまたかれへの関心がいぜんとして低調なのはなぜか。イギリス本国においても、ペインの名前は、かれの前後・同時代の思想家たち、たとえばヒューム、スミス、ベンサム、ミル、スペンサー、グリーンたちにくらべて影がうすい。その理由はペインの理論があまりにもラディカル（急進的・過激的そして原理的）であったためと思われる。イギリス人は本来ラディカルを好まない。ホッブズが嫌悪されロックがもちあげられる風潮も、またそのロックの社会契約論ですらヒュームやベンサムによって批判されたことを考えれば、名誉革命体制後の安定したトーリー・ウィッグ政治体制下の支配層にとってはペインの思想や理論がきわめて不適合かつラディカルな理論であると思われたのは当然であったろう（事実フランス革命を擁護し、イギリスの王政を批判した『人間の権利』を書いたのち、この本を出版した者は逮捕され、ペインは「法外放逐《アウト・ロー》」の処置を受け、かれのこの書は発禁処分となった）。かつて自然権・自然法理論や社会契約論を高くかかげて絶対王政と対決しそしていまでは支配層に成り上がった有産ブルジョアジーにとっては、名誉革命勝利後の政治的安定によって資本主義が順調に発展しつつあった「新時代の到来」（ヒュームのいわゆる「文明化した時代」）を迎えてはもはや自然法・社会契約思想は危険で厄介かつ望ましくない思想と思われたであろう。

ヒューム（一七一一〜七六）の「文明化された社会」、スミス（一七四八〜一八三二）の「見えざる神の手」、ベンサム（一七四八〜一八三二）の「最大多数の最大幸福原理」はすぐれて新興市民階級の思想と行動を論理化したものであった。そしてそれらの理論は、たしかに新しいブルジョア社会の政治・経済システム――自由・商業・工業・貿易――を明らかにした点ではきわめて重要な知的業績ではあったが、そこでは資本主義の矛盾から発生する貧困・失業問題、奴隷制問題や女性差別問題などの社会・労働問題は、「神の手による予定調和」（スミス）や「人間理性の開発」（ベンサム）によって解決されると楽観的に考えられていた。そのため労働者階級や下層階級、あるいは植民地収奪に苦しんでいた人びとは政治・経済改革を求めて起ち上がるに至るが、そのさいかれらは、いまやブルジョアジーが投げ捨ててしまっていた自然権・自然法・社会契約理論という自由と変革の旗をふたたび拾い上げて戦闘を再開した。そしてこの階級の行動を自然法理論を中心に正当化したのが実にトマス・ペインであった。

ペインはその三部作『コモン・センス』（一七七六年）、『人間の権利』（一七九一〜九二年）、『理性の時代』（一七九四〜九五年）において当時の政治・経済・社会体制の「欺瞞性」を徹底的に暴露した。それらの著作ではペインは、大ブリテン国イギリスの支配層に対抗したアメリカ植民地人たち、またフランス人民やイギリスの労働者階級に果敢な援護射撃をおこなった。そしてこうした下層民への強い配慮はペインの同時代人であったかのベンサムではみられなかった。たしかにベンサムは「普通選挙権」を提案し、人間はすべて合理的・理性的である点で平等であるとして「一人一票」を主張しているから全人民の味方であったといってよい。しかし、ベンサムは「一人一票」であるから人間が団結して多数者を形成（労働組合の結成や団結権の主張）して経営者に対抗するのは個人自由を侵害し民主的ではないと反対していたから、かれは労働者階級の友というよりも明らかに中産市民層の擁護者であった。同じくスミスも「資本と労働」の協働による生産力の発展とそれによる国民の生活向上を想定していたが、そうした経済システムがやがて大量のプロレタリアートを発生させるであろうという資本主義経済構造の矛盾にまでは真に気づいていなかった。

結局、一八世紀中葉以降から一九世紀中葉にかけてのイギリスにおいては、資本主義の発展に適合的なスミス的古典派経済学と、選挙権を拡大することによって政治的自由（経済的平等までは認めない）を保障する代議制改革によって政治的安定をはかろうとしたベンサムの議会制民主主義論が、転形期にあった当時の社会的な支配思想として受容され、ペインの鋭角的な自然権的批判思想はスミスやベンサムによるブルジョア的政治・経済思想のまえに背景に退いた。しかし、ペインの視点は中産層から下層階級にまでひろげられていたから、かれは、一七・一八世紀のイギリスやフランスにおける「市民革命の精神」(自然権・自然法思想)と一八世紀中葉以降のイギリスにおいて発展した「市民的自由」(ベンサム)や「市民社会」(スミス)の思想という新・旧両思想とも接合しつつ、一九世紀中葉以降に顕在化する「弱者」救済のための「福祉資本主義への転換」思想へと架橋することができたのである。

三、近・現代史上におけるペインの政治・社会思想の意義

これまでヒュームやスミス、ベンサムの思想が一九世紀中葉以降の資本主義の矛盾に十分に対応できなかったことについて述べてきた。しかし繰り返し言うが、かれらの思想や理論は新しい政治・経済・社会体制つまり反封建的・反絶対主義的名誉革命体制の弁証(ヒューム)、自由主義的政治(ベンサム)・経済(スミス)体制を人びとのまえに明らかにした点では歴史上きわめて重要な役割を果たしたことはいうまでもない。だがこれらの思想や理論においては新しいブルジョア体制の安定化を弁証することに重点がおかれていたため、一七世紀のホッブズやロックが絶対王政を批判し、国民主権・議会制民主主義を論理化するために用いたラディカルな

変革思想としての自然権・自然法・社会契約思想は後景に退けられた。現代の政治思想・法思想あるいは経済思想の研究者たちの多くが、スミスやベンサムの理論のなかには自然法思想は消失したと述べているのはそのことを指しているものであろう。しかし、そのように規定してすませていてよいものであろうか。なぜなら歴史の変革期には必ず自然権・自然法思想がその原理性のゆえに再三再四「復活」するからである。とすれば、一七・一八世紀の「市民革命」、「市民社会」の精神原理としての自然権・自然法思想をもはや古くさい観念論的政治思想として否定し、それに安住したままではすまされないであろう。

さて、ヒュームは人びとがかつてある古い時代に、ある場所に集まって国家や社会を作ろうというシュプレヒコールをして社会契約を結んだことは歴史的事実としてはありえず、イギリスの政治社会はアングロサクソン的自由のもとに徐々に漸進的に発展してきたと述べた。名誉革命後のジェントリー層と産業資本家層の連合する政治体制を擁護し安定化をはかろうとしたヒュームにとっては、ホッブズのような自然権を第一原理とする自由と平等を標榜する政治的権利の主張、平等派のように自然権を用いて上層階級の地位をおびやかすほどの危険な政治思想、また悪政があればそれに抵抗し、さらに極限事態（内乱・革命）においては政府をも転覆できるという「革命の論理」を正当化するロック的自然権・自然法・社会契約論はいまや新体制には適合しない政治・経済・社会理論と思われたかも知れない。

しかし、こうしたヒュームの非自然権的政治理論は、名誉革命体制はイギリス「古来の自由」にもとづいて構築されたものとして、ルソー的自然権理論とフランス革命思想を弾劾したペインの論敵バーク（一七二九〜九七）に引き継がれていった（『フランス革命についての省察』一七九〇年）。またこれと同じことは、近代日本における近代国家建設路線をめぐって「社会進化論」を用いて、「社会契約論」を虚構として自由民権派や薩長藩閥政府に反対する運動を押さえ込もうとした加藤弘之（一八三六〜一九一六、『人権新説』一八八三年）にも見られた。いつの時代でも、どこの国でも新興階級が登場してくると支配層はきまってこれを抑制・弾圧しようとするが、こうした政治思想的態度をマンハイム（一八九三〜一九四七）は「政治的保守主義」と呼んでいる。そのさいこうした保守主義に対抗する有効な理論としては、ホッブズ・ロック・ルソーが構築した自然権・自然法・社会契約論がある。第一次世界大戦後、マックス・ヴェーバー（一八六四〜一九二〇）の盟友エルンスト・トレルチ（一八六五〜一九二三）が「今次の大戦においてドイツは思想の闘いに破れた」と述べ、偏狭なドイツ的ナショナリズムを反省し、英米仏などの民主主義思想の原点である普遍的な自然法思想に学ぶべきことをドイツ国民に訴えていたし、また第一次世界大戦前には保守主義者であったトマス・マン（一八七五〜一九五五）もノーベル文学賞の受賞作『魔の山（二巻）』（一九二四年）において、サナトリウムに入院しているある老人がドイツ・ロマン主義に傾倒している青年患者に自然法思想の重要性について説いているのがその証拠である。さらに敗戦後の『日本国憲法』の前文が自然法思想の立場によって書かれ、政治思想の分野においても「戦後民主改革期」に丸山眞男、福田歓一などがホッブズ、ロック、ルソーなどの自然法思想を近代思想の原点として強調していたことを想起すべきであろう。

ところで、自然権思想は「変革期」においてとくにその威力を発揮する思想であって、いつまでもその純粋精神が国民のあいだで持続されうるものではない。政治・経済が安定期に入るとその次には政治・経済・社会を正しく分析し、自然権思想の理念である「生命の安全」、「自由・平等の保障」を実現する具体的方法が模索され提案されるのは当然のなりゆきであったろう。ヒュームやスミスやベンサムの作業がこれであった。それらの思想や理論はたしかに新しい時代に適合的な内容をもっていたから、かれらの思想が国民経済や市民的自由社会における経済思想や政治思想の主流となりえたのであった。しかし、ヒュームの思想は、名誉革命体制の正当化理論ではあったが社会契約理論のもつ原理的重要性を十分に評価しなかったため、中産・小市民層が登場しつつあった新しい政治・経済・社会をリードする思想とはなりえなかった。

この点でベンサムの思想は、自然権・自然法・社会契約思想をけっして表面にはださなかったが、新しい中産・小市民層中心の市民社会論の根底に自然権・自然法思想を前提においていたから、かれの政治思想は一九世紀中葉以降のミルやスペンサーやグリーンなどの政治思想へと引き継がれることが可能となった。すなわちベンサムは、アメリカ独立戦争勃発の年にペインの『コモン・センス』とはまったく別の方法――ロック的社会契約思想の欠陥を批判するという方法――で『政治断章』を発表している。この小冊子でベンサムはまずイギリスの支配的な法思想である「コモン・ロー」（裁判所の判決例、日本では普通法と記す）のあいまいさ〔この点についてホッブズは、コモン・ローは時代も場所も裁判官も異なる判決例の集積であり判決基準があいまいであるから、「自己保存」という人間にとっての最高価値を守ることのできる合理的理論で法律を制定すべしと主張している。そしてホッブズはかれのいう社会契約によって選出された全人民の利益を体現する主権者（一人でも少数の集団＝議会のようなものでもよい）の制定する法律に政府も人民も従うという近代的な「法の支配」という政治思想を主張している。ちなみにピューリタン革命の指導者クロムウエルもイギリス法の合理化を考えていたが短期政権のために実現しなかった〕について、オクスフォード大学のコモン・ロー研究の大家ブラックストン教授（一七二七〜八〇）の法理論を引き合いにだして批判していた。コモン・ローは、中世以来のイギリス支配層の権利と財産を擁護した主要な法律であったから、ベンサムはコモン・ロー批判を通じて当時の保守的な性格をもった名誉革命体制を批判していたのである。

そしてもう一点、これが大事なことなのだが、ベンサムは「ロックの社会契約論は国王といえども法は守らなければならない」としている点で有効な理論であるといいつつも、「ロックの政治論では、もしも法を守らない王が出現したときに、いつ、それに対抗して立ち上がり悪政を打倒してよいかという行動基準が明確でない（事実、『政治二論』でロックは、もはやこれ以上我慢すれば全人民の生命が危険になると判断したときには革命を起こしてよいと述べ、名誉革命はそのような革命であったとして名誉革命を正当化しているが、たしかにこれでは悪政判断の基準が不明確である)」として批判している。この意味でベンサムは、ヒュームとは異なりロック的な社会契約論の原理を基本的には承認している。そのうえで、生成しつつある市民社会における政治批判の新しい原理と方法を構築しようとしていたのである。その代替理論がかの「最大多数の最大幸福」理論であった。この原理はスミスやヒュームに影響を与えたといわれるグラスゴー大学道徳哲学教授ハチスン（一六九四～一七四六）からでたものといわれ、ベンサム自身はフランクリンの友人で、牧師・自然科学者・政治改革者であったプリーストリ（一七三三～一八〇四）からヒントをえたと述べている。ベンサムは、ペインが自然権という「危険思想」を用いて「アメリカ独立の論理」を展開していたのとは異なり、「人びとが好むものはなにか」という合理的基準によって作られた法律を為政者が守っているかどうかを、悪政かどうかの基準とすべきであると述べた。これならば一般市民でも悪政の基準がなにかが容易にわかるであろうし、また幸福は善、不幸は悪という道徳哲学の原理によって政治の善し悪しを考えよというベンサム主義は、革命をイメージする自然権思想とは異なり支配層に恐怖感を与えることもなかったであろう。

ところで、そうした「善き法」を作るには、全国民の意志を代表できる立法部の構成を必要とするであろうし、そういう立法部を作るためには国民全体に選挙権を与える必要があろう。要するにベンサムの一見道徳哲学的に見えた「最大多数の最大幸福原理」は、実は「普通選挙権」の政治主張であったのである。ベンサムといえば一七八九年の『道徳・立法の原理序説』ばかりが有名だが、ベンサムの政治思想はそれより一三年まえの『政治断章』においてその骨格がほとんどできあがっていたのである。そして、ベンサムの政治思想には、ヒュームとは異なる名誉革命体制を突破する新しいコモン・ピープル主体の「市民国家」、「市民社会」形成の展望が見られるのである。このためベンサムの政治思想は、極端に反動的な王党派議員は別として、大半の国会議員たちはもとより、のちのチャーチスト運動の指導者たちをもふくめて「私はベンサムの子である」と言わしめたのである。とはいえ、この理論の中核は中産市民層のための思想であったから、当時台頭しつつあった労働者階級の理論——社会権、労働者立法、社会保障制度の是認——とはなりえず、労働者階級へ共感した二人の政治・社会思想家、ベンサムから七〇年ほどのちのベンサム主義のプリンス、ジョン・ステュアート・ミル（一八〇七〜七三）や一〇〇年ほどのちのオクスフォード大学道徳哲学教授グリーンにまでまたなければならなかった。ミルは名著『自由論』（一八五九年）のなかで「言論・思想の自由」、「宗教の自由」、「財産権の保障」という古典的自由に加え、「団結権の保障」なしには自由は実在しないと主張して、師ベンサムに反して労働者階級の権利保障の必要性を公然と表明した。また、グリーンは、「私有財産の不可侵」を自由主義の本丸として固執していた「自由党」にたいして、「公共の福祉」のためには「個人財産」も制限できるという「積極（強制）的自由」（グリーンは自由にはホッブズなどのいう外的障害のないことという古典的自由のほかに、公共の福祉のためには個人自由も制限できるという新しい自由の観念を提起し、前者を「消極的自由」、後者を「積極（強制）的自由」と名づけた。このさいグリーンは、自由はあくまでも「手段」であって、カント（一七二四〜一八〇四）の言う「人格的自由」（イギリス的には人間が人間らしく生きること）の確保が「目的」であるという道徳哲学にもとづいて「積極的自由」というのちの「社会権的」政治哲学を打ちだした。これをもとに社会保障政策に踏み切ることをためらっていたイギリス労働党は一八八一年の党大会で方向転換した」の思想があることを提示し、これによりイギリスでは資本主義の欠陥を是正する福祉資本主義へと方向転換することが可能となった。

ところでイギリスでは、ミルやグリーンよりも七〇年から八〇年ほど早く、ホッブズ、ロックらの自然権・自然法思想の後継者で「アメリカ独立戦争の父」ペインが、フランス革命やイギリスの労働運動にかかわるなかで社会福祉、社会保障の必要性を展望していたのであった。ペインこそがイギリス政治思想における自然権・自然法思想と福祉資本主義・福祉国家観との接合をはかったきわめて重要な役割を果たした政治・社会思想家であった。

四、ペインの三部作について

これまでわたくしは、近代思想史上におけるペイン政治思想の位置と意義について簡単に述べてきた。日本では、ペイン研究に限らず個々の思想家の生涯や思想の研究についてはくわしいが、長い歴史的スパンと広い比較の視点をもった研究が弱いように思われる。そうした思想史研究の方法論については詳述できないのでとりあえず拙著『国家と個人――市民革命から現代まで』（岩波書店、一九九〇年）、『ヨーロッパ　知の巨人たち――古代ギリシアから現代まで』（NHKライブラリー、二〇〇六年）、『思想学事始め――戦後社会科学形成史の一断面』（未來社、二〇〇六年）を参照されたい。

さてペイン研究としては、A・O・オールドリッジのペインの伝記『理性の人――トマス・ペインの生涯』（ロンドン、クレセット社、一九六〇年）が基本書。邦訳書にはファーストの『市民トム・ペイン』（一九四三年、宮下嶺夫訳、晶文社、一九八五年）、エイヤーの『トマス・ペイン――社会思想家の生涯』（一九八八年、大熊昭信訳、法政大学出版局、一九九〇年）が、また日本人研究者のものとしては小松春雄『評伝トマス・ペイン』（中央大学出版部、一九八六年）が、それに今回、翻訳したマーク・フィルプの『ペイン』（オクスフォード大学出版局、一九八九年）などがある。

本書は、『マキアヴェッリ』（クェンティン・スキナー著、塚田富治訳、未來社、一九九一年）、『トマス・ホッブズ』（リチャード・タック著、田中浩・重森臣広訳、未來社、一九九五年）などのオクスフォード大学出版局の「世界の大思想家（パスト・マスターズ）」シリーズの一冊であるが、ここでフィルプは、ペインの三部作『コモン・センス』（小松春雄訳、岩波文庫、一九七六年）、『人間の権利』（西川正身訳、岩波文庫、一九七一年）、『理性の時代』（渋谷一郎訳、泰流社、一九八二年）において展開されているペインの政治・経済・社会・宗教思想についてバランスよくかつ的確に述べている。したがって、われわれはエイヤー、小松、フィルプの三著を読めばペイン思想の大要をほぼ理解できよう。というわけでここでは以上のペイン研究書において指摘されていないペイン読解上の重要ポイントについてだけごく簡単に述べておこう。

周知のように『コモン・センス』は渡米してきたばかりの無名の一イギリス人が、当時「独立」をためらっていた植民地人たちに決起をうながした革命の書である。ではこの小冊子のなにがそれほどまでに植民地人の魂をゆさぶったのか。それはひとえにペインの絶妙な文体《レトリック》のせいであり、またそのきわめて説得力に富む強烈な突撃大号令に勇気をふるいたたされたからであった。そのさいペインは、一七世紀の「市民革命」期にホッブズやロックやその論敵フィルマー（一五八九〜一六五三）も常用した闘争方法である「啓示」と「自然」という二つの基本概念をくりだして、長年にわたる植民地支配によってゆがめられていた奴隷的植民地根性を叩き直すことから始めた。これは具体的には、植民地人たちがいまだに抱き続けている民主主義の母国イギリスという虚構性を完膚なきまでに粉砕することであった。なぜなら植民地人たちは、かつて百年以上ほどまえに宗教的迫害のために祖国を追われあるいはそこから脱出してきたにもかかわらず、なお世界の大国イギリスを誇りに思い、いまだにそれに郷愁を感じていた。そのさい植民地人たちは、敵は本国議会にあると捉え、紛争解決手段を国王に求めようという幻想を抱いていたが、ペインは実は真の敵はイギリスの王政そのものにあることを鋭く捉えていた。そのためかれはまずは「聖書」のなかから士師記六・七・八章、サムエル前書八章、マタィ伝二二章第二一節などの聖句を用いて神が王政を批判していること、王政は「政治的教皇制」であると断じ、その王政を確固たるものにしているのが世襲王政であることをきびしく批判した。そして国王とその王族たちが他の人びとよりもすぐれた存在であるという考え方は、人間は生来平等であると考える「自然」の観念に反すると述べて「聖書」と「自然」の双方から世襲王政にとどめを刺す方法をとっている。そしてこうした方法こそ、ホッブズやロックが近代国家論を構築し、フィルマー的専制君主論を打倒するさいに用いた方法ではなかったか。また国王個人よりも世襲王政という制度に攻撃をしかけたペインの方法は、ホッブズと同時代人である共和主義者のハリントン（一六一一～七七）と同じものであり、ハリントンは主著『オシアナ（大洋）』（一六五六年）において革命後の政治制度としては王政ではなく共和政であるべきことを主張していた。そしてペインの眼前にあった純白のアメリカ植民地こそが世界で唯一共和政治の実現可能な希望の新天地であった。だからかれは、イギリスの誇る国王と議会が協働する（「制限・混合王政」、「名誉革命体制」）政治システム〔イギリス政治思想の「キー概念」が「制限・混合王政観」にあることを日本で最初に指摘した論文は田中浩「フィリップ・ハントンの『制限・混合王政観』――ピューリタン革命初期における『法の支配』観念と『議会主権』論の政治論的接合契機」（『社会科学論集』第八号、東京教育大学文学部紀要、一九六一年）。なお名誉革命後から一七八〇年代末までの「制限・混合王政観」についてはH・T・ディキンスン著、田中秀夫監訳／中澤信彦他訳『自由と所有』（ナカニシヤ出版、二〇〇六年）を参照のこと。一四・一五世紀から一九世紀末までのイギリス政治思想はイギリス革命前と名誉革命後の、「制限・混合王政観」の政治的機能の違いの考察を抜きにしては正しく捉えられない」について、議会の構成メンバーである国王は世襲であり、貴族院のメンバーである聖職貴族や世襲貴族も非民選であり、さらに国民から選出された庶民院のメンバーといえども、財産資格によって制限された七分の一の成年男子から選出されたものにすぎないから民主主義とはほど遠い、としてイギリス民主主義の虚構性を徹底的に暴露してみせたのである。

ところで敵の陣地を爆破するだけでその後の建設の展望を示さなければ、人はその総指揮官や政治的リーダーたちについてはこない。これについては、ペインは、アメリカ経済はイギリスとの分離によってもけっして衰退しないこと、それどころかヨーロッパ諸国との交易によってますます発展することを統計表をもちいて力強く分析してみせる。このときペインは、フランスやドイツにもいずれ革命が起こるであろうことを感得していたのである。一三年後にフランス革命が勃発したときペインがパリに素っ飛んでいった（一七八九年秋）のは理の当然であったろう。

しかしフランスに上陸し革命の進行に感動している間もなく、ペインは信頼していた盟友エドマンド・バーク（一七二九〜九七）の裏切りにあって革命擁護の書を急遽書き上げざるをえなくなった。それがかれの第二弾『人間の権利』（第一部一七九一年三月一六日、第二部九二年二月一六日）であった。したがってこの本は革命直後のフランス革命を活写した第一級の史料となっている。またこの本はフランス革命に反対するイギリス（小ピット）政府との闘いでもあったから、『コモン・センス』の場合と同じく、いやそれ以上により具体的にイギリス民主政治（思想と制度）の虚構性を暴露する作業がすすめられ、その行きつくところは「文明国イギリス」でも人民のうちには貧困状態にある者がいるからその救済策が緊急であるというのちの福祉資本主義的政策につながる提案がなされている。

ここでペインは文明が完全になれば、税金を支配層のために収奪する「強盗団の首領」（キケロ）ともいうべき政府は必要なくなるし、社会の偉大な法律は「自然の法」であるという。さらにペインは今後イギリス、フランス、オランダ、アメリカにおいて「改革」、「革命」が進行し「諸国民が連合」する（ここにはドイツもふくまれていた）「理性の時代」が到来することを確信していた。そして、このペインのインターナショナルな政治・社会思想は七〇年後にマルクスの展望したヨーロッパ革命という形で引き継がれていく。

以上が『人間の権利』の大要であり、これについては、『人間の権利』それ自体を、またエイヤー、小松、フィルプの研究書を読んで欲しいが、ひとつだけ今回の解説のテーマである「変革期」には自然権・自然法・社会契約説が反体制思想の中核思想として現われること（ロシア革命において、もしも社会主義政治・経済論と自然法的人権理論が結合されて展開されていたら「スターリン独裁」などは起こらなかったであろうに）を、『人間の権利』において展開されているペインとバークの世紀の論戦を素材に簡単にのべておこう。

バークはアメリカ独立にさいしてはこれを支持し、このゆえにはじめペインとバークは革命の同志であった(ペインがバークと知り合ったのは一七八八年のことといわれている)。そのため、ペインはバークにフランス革命の進行状況を書き送った。ところが一七九〇年二月にバークは議会においてフランス革命を批判する演説をおこない、それどころか一一月には『フランス革命についての省察』を出版した。それを読むとペインがバークにあたえた革命状況の報告はほとんど使用されず、もっぱらその内容は「名誉革命」と「フランス革命」の比較を通じてフランス革命を批判したものであった。これは現代風にいえば「革命の大義」をめぐるペインとバークの「歴史認識」のちがいにもとづく論争であった。

バークによれば一六八八年の「名誉革命」において制定された「権利章典」ではフランスの「人権宣言」とは異なり、自然権・自然法という言葉はひとことも語られず、この革命は「古来の自由」にもとづいたものと書かれていると言う。ここでバークは、人間が太古にある場所に集まって政府や国家を作ろうと叫んだなどということは歴史上ありえなかったとして、ペインやルソーの自然法的社会契約説を一蹴している。そしてこの方法は、のちに加藤弘之が『人権新説』において自由民権派を攻撃した方法とまったく似ている。反革命の思想家たちは、人間は生来自由で平等であるという考えは認めない。その趣旨は人民は国家の設立には関与していないから人民は政府や国家に反抗してはならない、ということだったからである。さらにバークは「権利章典」できまったことは要するに議会は、新しい国王(メアリとオレンジ公ウィリアム)に服従することを誓ったものだとして、名誉革命体制を賛美している。しかし、この

「章典」を読む限り、ここでは人民の自由と民主主義を確定したものと言わざるをえない。

　ところで、ペインはバークと異なり手放しで「名誉革命体制」を評価していない。すなわちペインは、「権利章典」は、国家権力を立法、行政、司法の三権に分けた（三権分立）ものだが、この名誉革命体制の実態は、国王、ホイッグ、トーリー党との連合王政体制であり、国王は官職などを与えて議員を買収できるから〔この点ではバークもKing's Party（国王の友）の形成として批判していた〕王政という制度そのものを廃棄して、アメリカ型の共和政治にすべきだと批判していた。もっともイギリスでは共和政にまで行きつくことはなかったが、このペインの政治思想は、普通選挙制にもとづく民主政治の実現に道を開いたことはまちがいない。

　バークや加藤のような保守反動派あるいはカール・シュミットのような全体主義的思想家に共通に見られる論争方法の特徴は「目的のためには手段を選ばず」、きわめて非科学的かつ非歴史的な論理を展開してはばからないのが目につく。幸いなことにイギリスではバークのような非民主的な「権利章典」解釈は、同時代のスミスやベンサムには同意されず、またのちのミルやグリーンにも引き継がれなかった。これこそ、ピューリタン革命・名誉革命以来のイギリス民主主義の発展と定着を証明したものであったろう。

　これまで、わたくしは、『コモン・センス』、『人間の権利』を通じてペインの政治・社会思想について述べてきた。そこでかれの最後の著作『理性の時代』について簡単に述べる。この本については、『理性の時代』それ自体、またこの本の訳者渋谷一郎氏の解説、エイヤーの

『トマス・ペイン』などを参考に整理するとこうなる。『理性の時代』第一巻は、一七九三年のルイ一六世の処刑（一月）、革命穏健派のジロンド派幹部の逮捕・処刑、革命急進派ジャコバン派の独裁開始（六月）、またペイン自身、親ジロンド派とみなされて逮捕投獄され（一二月）、革命にとってもかれ自身にとっても最も重大かつダイナミックな時点で書かれたものである。そしてペインは一年後に解放され（九四年一一月）、翌九五年の九月から一〇月にかけて本書第二部を書いている。

フランスでは革命初期（一七八九年バスティーユ要塞襲撃（七月一四日）、「人権宣言」（八月二六日））から聖職者たちが反革命的行動を展開していた。このため反教会運動が起こり、それが「非キリスト教化」・「反宗教運動」へと転化し、「理性崇拝」などの宣言がだされた。ペインはこの好機を捉えて既成宗教に反対する闘争に参入し、宗教についてのさまざまな哲学上の考え方を展開したが、他方でペインはロベスピエール派のなかでのエベール（一七五七〜九四、一七九四年三月処刑さる）派が「無神論」的活動を展開しているのを批判し（渋谷「あとがき」）、神が宇宙の創造主であることが真の宗教である、と述べている。そして人間による神についての知識が学問であり、人びとはそれを学んで「正義をなし」、「慈悲心をもち」、「同輩を幸せにするよう努力すべきである」という理神論を展開していた（エイヤー）。ペインは、キリストはユダヤ教の支配下に苦しんでいた人民を解放した革命家であったと述べ、真の神学は自然哲学と自然科学であり、科学は宇宙を構成する神の計画の一部を認識させるようにした（フィルプ）と述べている。

こうした考え方をペインはどこから学んだかはわからないが、かれの父が熱心なクェーカー教徒であったことと関係があるように思える。それについては、ペインは、迫害をしなかった唯一のキリスト教徒はクェーカー教徒であったが、その理由はかれらがキリスト教徒であるよりは理性論者であったからだ、と述べている(『理性の時代』の結語)。

以上に述べたように『理性の時代』はフランス革命の進行状況のなかで書かれたものだが、もともとペインは宗教の問題を「理神論」の立場(つまり「人類の宗教」)から解釈しなおそうとしていたようである。そのことは『理性の時代』第一部第一章「著者の信仰告白」の冒頭で「宗教についての私の考えを公けにすることは過去数年にわたり私の意向だった。しかし私はその問題にともなうことがらの難しさをよく承知していたし、そうした考慮から、人生のもっとあとの時期〔このときペイン五六歳〕までそれを取っておいたのであった」、また「僧職者の全国的制度や宗教の強制的組織および信仰の強制的個条に関連するすべてのことがらの全廃という、現にフランスで起こっている状況は私の意向(「人類の宗教」の確立)を促進したばかりでなく、迷信、政府のまちがった組織と神学との全面的な打倒にあたって、われわれが道徳性、人間性、真の神学を見失わないようにするためこの種の仕事をきわめて必要なものとした」と述べている。このときかれは、宗教は、「キリスト教」だけではなく人間の他の知的権利と同じく人間の「自然的権利」に属するということを明らかにする新しい「理性の時代」を画こうとしていたのである（渋谷）。

そしてこのような大胆な作業はイギリス革命期のホッブズやロック、啓蒙期のヒュームやベンサムといえどもなしえず、フランス大革命期においてはじめて可能となったであろう。もっともこの著作は当時のイギリスにおいて異端視され迫害もされた。しかしアメリカでは一九世紀末にイェール大学やノースカロライナ大学でも学生たちに高い評判を博したようである（渋谷）。ピューリタン革命期のホッブズの場合もそうであったように「革命」や「変革期」においては必ず政治・社会思想家たちは「政治と宗教」の問題をどう考えるかという問題に直面せざるをえなかったのである。この問題は結局は、ミルの『自由論』（一八五九年）においてはじめて「信じる自由、信じない自由」という「宗教の自由」が基本的人権の最重要項目として真に確立されたとき解決の方向を見いだしたものといえよう。

五、おわりに――「あとがき」にかえて

これまで近代思想史上におけるペインの政治・社会思想について述べてきた。しかし残された研究課題はまだまだたくさんある。とくにペイン研究にさいしては、クェーカー主義、黒人問題、奴隷制廃止運動、先住民問題との関係等々についての研究を深める必要がある。これらについてはとりあえず角田仁『トマス・ペインの政治思想――急進主義運動、独立戦争、フラ

ンス革命とのかかわりで』（大東文化大学法学研究科政治学専攻修士論文、一九九八年）が、またペインの奴隷制廃止論、奴隷貿易反対論にかんする研究としては篠田豊「トマス・ペインの小論『アメリカのアフリカ奴隷』の翻訳と解題」（松坂大学『松坂政経研究』第十四巻第一号、一九九六年）が参考になる。なお近代民主主義・近代資本主義発展史上きわめて重要な関係をもつ奴隷制や奴隷貿易にかんする最高の研究としてはトリニダード・トバゴの歴史家で宰相でもあったエリック・ウィリアムズの『資本主義と奴隷制』（一九四四年、中山毅訳、理論社、一九六八年）、『コロンブスからカストロまで』（一九七〇年、川北稔訳、岩波書店、一九七八年）、『帝国主義と知識人――イギリスの歴史家たちと西インド諸島』（一九六四年、田中浩訳、岩波書店、一九七九年）。ウィリアムズは、ヒュームの黒人蔑視観（「国民的性格」一七五三年）や一八六五年の「ジャマイカ叛乱」におけるイギリス知識人たちの論争を描いている。ここでウィリアムズがミル、スペンサー、グリーン、ダーウィン、ハクスリが黒人叛乱を支援し、カーライル、テニスン、ラスキンなどが当局側を支持していると指摘しているのはイギリス民主主義研究史上興味深い。

さてここで著者のマーク・フィルプについて紹介しておく。氏は一九五三年生まれ。七四年にリーズ大学を卒業し、八三年にオクスフォード大学で博士号を取得。現在オクスフォード大学のオリエル・コレッジのフェロー。専攻は政治理論、政治社会学、政治思想史、フランス革命期のイギリス史など。著書としては、本書『ペイン』（一九八九年）のほかに、『ゴドウィンの政治的正義』（コーネル大学出版局、一九八六年）『フランス革命とイギリス民衆』（ケンブリジ大学出版局、一九九一年）などがある。また二〇〇七年にはオクスフォード大学出版局からトマス・ペインにかんする新研究が発刊予定である。

次に本書の訳業過程について述べておく。共訳者の梅田百合香氏はホッブズ研究者であり、わたくしが十数年ほど前に名古屋大学法学研究科（大学院）に集中講義に出掛けたとき以来「同学の士」となった。今回の訳業もその共同研究の延長線上のものである。初訳は梅田氏が担当し、田中が最終稿を作成した。したがって翻訳上の誤りその他についての責任はすべて田中が負うものである。なお語学上の問題点についてはいつものように新井明教授に御教示いただいた。また「解説」作成上の文献収集や問題点にかんすることがらについてはシェフィールド大学のグレン・フック教授、桜美林大学の太田哲男教授、聖学院大学の佐野正子准教授、都立小山台高校の角田仁氏、一橋大学図書館員の江良邦子氏に、そして「解説」のパソコン入力については今回もまた妻秀子の手をわずらわせた。以上すべての方々に心から感謝の意を表するものである。最後になったが、翻訳完成まで長らく忍耐強くお待ちいただいた未來社社長の西谷能英氏および編集部の皆さんにお礼を申し上げる次第である。

二〇〇七年五月二〇日

田中　浩

年表

	ペイン関係	イギリス	フランス	アメリカ
一七二九		エドマンド・バーク、ダブリンに生まれる（一月）		
一七三七	ノーフォーク州セットフォードに生まれる（一月二九日）			
一七四二	グラマー・スクールに入学			
一七四八			モンテスキュー『法の精神』	
一七五〇	グラマー・スクール退学。父のもとで三年間、コルセット製造を見習う	バーク、ロンドンのミドル・テンプルへ入り法律を学ぶ		
一七五一			『百科全書』第一巻刊行	
一七五三	私掠船テリブル号に乗るため家出し、父に連れもどされる			
一七五五			ルソー『人間不平等起源論』	
一七五六	私掠船キング・オブ・プロシャ号に乗る			
一七五七	ロンドンのコルセット製造業者の店で働く。ニュートンの天文学の勉強をはじめる			
一七五八			ケネー『経済表』	

一七五九	ケント州サンドウィッチにコルセット製造販売をはじめる。税官吏の娘メアリ・ランバートと結婚（九月）			
一七六〇	妻と死別。ロンドンの収税吏養成所に入る（一二月）	ジョージ三世即位		
一七六二	税務局に臨時職員として採用される		ルソー『社会契約論』	
一七六三		ウィルクス事件起こる		
一七六四	正式に税務局官吏となる。リンカンシャーのグランサムに赴任			砂糖法施行
一七六五	不正をはたらいたかどで免職	ロッキンガム、首相になる。バーク、下院議員になる。ブラックストン『イギリス法註解』四巻（〜六九）		印紙法施行。ボストンに暴動起こる
一七六六	ロンドンの私立学校で外国人に英語を教える	チャタム内閣		印紙法撤廃
一七六七				イギリス議会、アメリカ植民地に茶の輸入税を課す
一七六八	収税吏に復職（二月）、サセックス州のルイスに赴任	ウィルクス事件再燃		

	ペイン関係	イギリス	フランス	アメリカ
一七六九	ルイスの町会議員に選ばれる			
一七七〇		バーク『現代不満の考察』		
一七七一	下宿先の煙草屋の娘エリザベス・オリヴと結婚（三月）			
一七七二	収税吏待遇改善運動の指導者になり、『税務官吏の窮状』を書く。このとき作家オリヴァー・ゴールドスミスと知り合う			
一七七三				ボストン茶会事件起こる（一二月）
一七七四	収税吏を免職される（四月）。妻と別居（六月）。アメリカ植民地代表としてロンドンに滞在中のフランクリンの知遇を受け、紹介状をえて、フィラデルフィアに上陸（一一月三〇日頃）	バーク、アメリカ植民地に課せられた茶税反対の演説	ルイ一六世即位	第一回大陸会議（九月）、「権利宣言」採択
一七七五	『ペンシルヴェニア・マガジーン』の編集者となる。奴隷売買を非とするエッセイを土地の新聞に発表			「レキシントンの戦い」（四月）。第二回大陸会議（五月）。ワシントン、総司令官になる（六月）
一七七六	『コモン・センス』（一月）、八月から一二月にかけて従軍。アメリカ軍の士気を鼓舞する目的でパンフレット『アメリカ	スミス『諸国民の富』、ベンサム『政治断章』		「独立宣言」（七月四日）

	の危機』第一号を出版（一七八三年四月、最終号第一三号）		
一七七七	『危機』（第二号～第四号、一月～九月）、外務委員会書記（四月）	ラファイエット侯、義勇軍を募ってアメリカに渡る（七月）	サラトガの勝利（一〇月）
一七七八	『危機』（第五号～第七号、三月～一一月）	フランス、アメリカの独立を承認（二月）	ディーン事件（七月）
一七七九	サイラス・ディーン事件にまき込まれ、外務委員会書記辞任（一月）。ペンシルヴェニア州議会書記（一一月）		
一七八〇	『危機』（第八号・第九号・臨時号、三月～一〇月）、ペンシルヴェニア州立大学からMAの学位授与される（七月）		
一七八一	金銭上の援助を求める目的で特使ロレンズ大佐とフランスに渡る		
一七八二	『危機』（第一〇号～第一二号、三月～一〇月）、『レナル師への手紙』を出版、かれのアメリカ革命にかんする見解に反論		
一七八三	『危機』最終号（第一三号、四月）『危機』（臨時号、一二月）	一二月、ピット内閣成立	パリ条約が調印され、アメリカの独立が承認される（九月）
一七八四	戦争中の功績により、ニューヨーク州郊外のニューロシェルに二〇〇エーカーの農園をニューヨーク州から与えられる		

	ペイン関係	イギリス	フランス	アメリカ
一七八五	この年から一七九〇年にかけて新形式の鉄橋を考案			
一七八六	鉄橋の模型完成。『政府、銀行、紙幣について』を書いて銀行を擁護			
一七八七	フランスに渡る（五月）、ラファイエット、コンドルセ等と交流。八月にイギリスに帰り、九〇歳の母を見舞う（父は四月に他界）。『ルビコン川における展望』（八月）を出版。イギリス政府にたいしフランスと戦争することの非を説く			アメリカの憲法制定会議が開かれる（五〜九月）
一七八八	フランスに渡り（四月）、二ヶ月滞在。夏、元国会議長ヘンリ・ロレンスを通じて、バークと知り合う			
一七八九	晩秋から翌年はじめにかけてパリに滞在。ラファイエットに会い、バスティーユの鍵を託される		バスティーユ要塞襲撃（七月）。フランス国民議会「人権宣言」採択（八月）	第一回連邦議会（三月）。ワシントン初代大統領に就任（四月）
一七九〇	パリからバークにあてて手紙を送り、革命の成功を知らせる（一月）。ロンドンに帰る（四月）	バーク、議会でフランス革命非難（二月）。バーク『フランス革命についての省察』（一一月）		
一七九一	『人間の権利』第一部をロンドンで出版（二月）、フランス訳出版（五月）。コン			

一七九二	ドルセと共和政協会を作り、機関誌を発行。イギリスに帰る（七月）『人間の権利』第二部（二月）、同フランス版（三〜四月）。フランス名誉市民となる（八月）。パ・ド・カレー県から国民議会へ選出される（九月）。パリへもどる（九月）。憲法制度委員会委員になる（一〇月）。欠席裁判で「法外放逐」の判決、『人間の権利』出版・販売禁止（一二月）		フランス共和政宣言（九月）	ワシントン大統領に再選。
一七九三	ルイ一六世処刑にさいし助命演説をおこなう（一月）、逮捕・投獄される（一二月）。入獄前に『理性の時代』の校正の一部と原稿を友人に託す		ルイ一六世の処刑（一月）。フランス、イギリスおよびオランダに宣戦布告（二月）。マラの裁判（四月）。ジロンド派幹部逮捕、ジャコバン派独裁開始、ジャコバン憲法可決（六月）。マラ暗殺（七月）。マリ・アントワネット処刑（一〇月）	

	ペイン関係	イギリス	フランス	アメリカ
一七九四	駐仏アメリカ公使ジェイムズ・モンローの努力で釈放され、一年あまりモンロー家の世話になる。『理性の時代』第一部出版		エベール派処刑（三月）。ダントン処刑（四月）。ロベスピエール処刑（七月）。	
一七九五	『理性の時代』第二部出版（九～一〇月）			
一七九六	『イングランド財政制度の衰退と崩壊』を出版。ワシントンへ手紙を書き、きびしく批判（七月）		ナポレオン、イタリア遠征出発（三月）。バブーフの陰謀（五月）	ワシントン引退。アダムズ第二代大統領
一七九七	相続税徴収の必要を説いた『土地配分の正義』出版。ナポレオンと会う（一二月）		ナポレオン第一執政となる（一二月）	
一七九九		バーク没（一二月）		ワシントン没（一二月）
一八〇〇			ナポレオン第二回イタリア遠征	
一八〇一		ピット辞職（二月）		トマス・ジェファースン、アメリカ第三代大統領となる（三月）
一八〇二	フランスを去って（九月一日）、アメリカ、メリーランド州ボルティモアに着く（一一月一日）。しばらくワシントンに滞在。『アメリカ合衆国の市民へ』を書きはじめ（一八〇二―五）、フェデラリス			

	トの政策を批判			
一八〇三	二月、ワシントンを去って、ボーデンタウンに向かう。秋、ニューロシェルの土地に落ち着く			
一八〇四			ナポレオン、フランス皇帝となる(五月)	ジェファースン大統領再選
一八〇五			フランス・スペインの連合艦隊、トラファルガーの海戦でイギリス艦隊（ネルソン提督）に敗れる	
一八〇六	卒中にかかる（八月）			
一八〇七	ニューロシェルの選挙資格審査委員会によって選挙権を拒否される（五月）			
一八〇八	体調衰えはじめる（二月）			マディスン、大統領当選
一八〇九	六月八日没。ニューロシェルの農園に埋葬			
一八一九	ウィリアム・コベット、ペインの遺骨を掘りだしてイギリスに持ち帰り、埋葬し記念碑を建てようとしたが世論の反対にあって、実現しなかった。ペインの遺骨はコベットの死（一八三五）と同時に所在がわからなくなった			

索引

[あ行]
アシニャ紙幣　128, 130
アダムズ（サミュエル）　43
アダムズ（ジョン）　189
アダムズ（ジョン・クインシー）　189
アブラハム　164
アマール　43
アミアン平和条約　47
アメリカ革命　2, 17, 33, 49, 91, 119, 135, 179, 186, 188, 189
アリストテレス　56
異教徒　151, 165
意志主権　147
一般意志　120, 121
因果律　176
『イングランド財政制度の衰退と崩壊』　46, 127
ウッドワード（W・E）　193
エイトキン（ロバート）　18
オールドリッジ（A・O）　2, 44, 192, 193, 195

[か行]
懐疑主義　176, 182, 183
カエサル　184
カントリー派　55, 56, 79
『危機』　22-25, 84, 90, 188, 189
ギデンズ（アンソニー）　197
旧約聖書　154-157, 165, 169
共和主義　31, 32, 35, 55, 56, 68-70, 72, 73, 78, 83-86, 89, 113, 119, 120, 123, 124, 126
共和政協会　36
クェーカー　15, 41
啓蒙思想家たち　146
憲法研究会　35, 38
憲法制定委員会　40
公共善　26, 51, 54, 63, 67, 69, 71-73, 76-87, 120, 121, 124, 147
『公共善』　25, 26
孔子　153
国民公会　39-43, 45, 47
国民主権　103-105
五執政官政府　46, 47
ゴドウィン（ウィリアム）　34
コバン（アルフレッド）　34
コモンウェルスメン派　55
『コモン・センス』　19-21, 24, 53, 57, 60, 64, 66, 73, 74, 84, 88, 92, 93, 113, 136, 150, 192
コンウェー　39, 44, 50, 193
混合政体　56-58
コンドルセ　35, 41, 42

[さ行]
『最近の布告にかんする発信人にあてた手紙』　38
ジェイ条約　46
ジェファースン　30, 32, 42, 48, 189
自己保存　96
自然権　86, 87, 93, 95, 96, 100-105, 110, 112, 113, 127, 134, 135, 141, 144, 145, 148, 149, 173, 178-183
『自然宗教にかんする対話』　176
自然神学　159
自然法　96, 115, 162, 167

市民権　67, 79, 93, 100-102, 104, 111, 127, 134, 135, 145, 179, 181
『市民トム・ペイン』　185
社会契約　64, 76, 102, 104
ジャコバン派　41, 42
シャトレ（デュ）　36
「自由の友」　36
ジョージ三世　20
『ジョージ・ワシントンへの手紙』　46
ジロンド派　42, 43
人身保護法　131
人民主権　93, 100, 103, 106, 113, 121, 188
新約聖書　152, 161, 165, 169
スキナー（Q）　196
スティーブン（レズリー）　170
スピノザ　165
スミス（アダム）　127, 128, 131
正義主権　147
『正義論』　144
『政治的正義』　34
『聖書の弁明』　166
『政府、銀行、紙幣について』　28, 87, 105, 147
『政府の第一原理について』　45
創世記　164
『祖国愛について』　94

[た行]

第一原因　157, 158, 175
大陸会議　19, 20, 22-24, 63, 64, 66, 78
大陸議会　63, 64
大陸憲章　64
ダントン　36, 42
チータム（ジェイムズ）　21, 49
チャーマーズ（ジョージ）　49
ディーン（サイラス）　23, 24, 44
ティンダル（マシュー）　166
テュリオ　41
『天路歴程』　2
『土地配分の正義』　46, 134, 137, 139, 140, 144, 146
『トム・ペイン』　185

[な行]

ナポレオン　46
ニュートン　129, 158, 162
ニューロシェル　27
『人間の権利』　32, 35, 37-39, 45, 92, 93, 100, 105-107, 111-113, 119, 121, 126, 136, 140, 148, 150, 181, 189, 192
ノース卿　26

[は行]

バーク　32-35, 93-100, 102, 106-110, 112, 113, 180, 181, 188
ハーバーマス（ユルゲン）　182, 197
バスティーユ（牢獄）　33, 36
ハミルトン　39
ハリントン　57
ピット　37, 131-133, 138
ヒューム　176
ファーガスン（ジェイムズ）　158
ファースト（ハワード）　185
フェデラリスト　26, 48, 49
フォスター（ポール）　185
フォックス（チャールズ・ジェイムズ）　131
フォナー（エリック）　2

フォナー(フィリップ・S) 8, 18, 192, 193
『プブリコラ』 89
プライス(リチャード) 32, 94, 127
フランクリン(ベンジャミン) 16, 18, 29
フランス革命 2, 32-35, 40, 48, 93, 94, 119, 126, 135, 179, 188, 190, 195
『フランス革命についての省察』 34, 93, 100, 106, 108, 112
『フランス擁護の訴え』 34
プリーストリ(ジョセフ) 32
ブリソ 36
『ペンシルヴァニアの人びとにたいする厳粛な声明』 64
『ペンシルヴァニア・マガジン』 18
ホイッグ党 16, 32, 131
ポーコック(J・G・A) 194
ボーマルシェ 23
ホッブズ 179
ポリュビオス 56

[ま行]
マキアヴェリ 55, 56
マッキントッシュ(ジェイムズ) 34
マディスン 39, 189
マホメット 156
マラ 36, 41, 42
モーセ 164
モーセ五書 164, 166
モリス(ガヴァナー) 44, 45, 186
モリス(ロバート) 26
モンターニュ派 41
モンテスキュー 56, 81
モンロー(ジェイムズ) 45, 189

[や行〜]
有神論 172, 176
ヨブ記 157, 165
ラファイエット 33, 39
『リア王』 100
リー(アーサー) 23
理神論 48, 149, 157, 161, 166, 168-172, 180
『理性の時代』 43, 45, 48, 148, 150, 151, 158, 160, 162, 170, 171, 190
リバータリアニズム 69
リバータリアン 68, 135
ルイ一六世 40, 41, 118, 126
『ルイ一六世は死刑執行を猶予されるべきか』 41
ルソー 55, 65, 67
『ルビコン河における展望』 30, 31
『レナル師への手紙』 26, 86, 116, 140
ロールズ(ジョン) 144, 145-147, 197
ロック 101, 102, 126, 140, 173, 179, 180
ロベスピエール 36, 41, 44, 45, 163
ロンドン通信協会 38
ワシントン 22, 25-27, 32, 33, 39, 45, 189
ワトスン(リチャード) 166-169

[訳者略歴]

田中浩（たなかひろし）
1926年生まれ。東京文理科大学哲学科卒業。政治学・政治思想史専攻。法学博士。一橋大学名誉教授。東京教育大学・静岡大学・一橋大学・大東文化大学教授、立命館大学客員教授を経て、現在聖学院大学大学院教授。著書に、『ホッブズ研究序説』（御茶の水書房）、『長谷川如是閑研究序説』『カール・シュミット』『思想学事始め』（未來社）、『国家と個人』『近代日本と自由主義』（岩波書店）、『近代政治思想史』『戦後日本政治史』『戦後世界政治史』（講談社学術文庫）、『日本リベラリズムの系譜』（朝日新聞社）、『20世紀という時代』『「第三の開国」は可能か』『ヨーロッパ知の巨人たち』（NHKライブラリー）、『ホッブズ』（研究社出版）、『ホッブズ』（清水書院）ほか。訳書に、ホッブズ「リヴァイアサン」（共訳、『世界の大思想　ホッブズ』所収、河出書房新社）、ミル「代議制統治論」（共訳、『世界の大思想　ミル』所収、河出書房新社）、ウィリアムズ『帝国主義と知識人』、ホッブズ『哲学者と法学徒との対話』（共訳、岩波書店）、シュミット『政治的なものの概念』『政治神学』『独裁』、ミルトン『教会統治の理由』『離婚の自由について』、ピアソン『曲がり角にきた福祉国家』、タック『トマス・ホッブズ』（共訳、未來社）ほか多数。

梅田百合香（うめだゆりか）
1968年生まれ。名古屋大学大学院法学研究科博士課程後期課程修了。政治学・政治思想史専攻。法学博士。名城大学・金城学院大学・愛知大学・愛知県立大学・名古屋工業大学・名古屋経済大学などで、「イギリス文化・思想」「現代社会思想史」「憲法」「政治学」を担当。著書『ホッブズ　政治と宗教――『リヴァイアサン』再考』（名古屋大学出版会）、論文「ホッブズとアレントの社会契約論」（『ラチオ』２号所収、講談社）ほか。

トマス・ペイン
――国際派革命知識人の生涯

発行――二〇〇七年七月一〇日　初版第一刷発行

定価――（本体二五〇〇円＋税）

著　者――マーク・フィルプ

訳　者――田中浩・梅田百合香

発行者――西谷能英

発行所――株式会社　未來社

〒112-0002東京都文京区小石川三―七―二
電話・(03) 3814-5521(代表)
http://www.miraisha.co.jp/
Email: info@miraisha.co.jp
振替〇〇一七〇―三―八七三八五

印刷・製本――萩原印刷

ISBN 978-4-624-11197-7　C0023

〝パスト・マスターズ〟シリーズより

R・タック著／田中浩・重森臣広訳
トマス・ホッブズ

英語によって哲学を論じた最初の人、近代思想の始祖のひとりホッブズの思想の全体像を、その生涯・著作およびホッブズ解釈の洗い直しをつうじて明らかにする定評ある入門書。　二五〇〇円

J・ハワード著／山根正気・小河原誠訳
ダーウィン

［進化理論の確立者］進化論の提唱者チャールズ・ダーウィンの近代科学史のうえでの全業績をつぶさに検討し、その巨大な足跡を簡潔かつ明快に描きだしたコンパクトな評伝。　一八〇〇円

Q・スキナー著／塚田富治訳
マキアヴェッリ

［自由の哲学者］イタリア・ルネサンス期の巨人政治家の独創的な思想と人間について、現代有数の歴史学者が書き下ろした明快な入門書であり、新しい視点からのマキアヴェッリ像。　一八〇〇円

関連書

田中浩著
思想学事始め

［戦後社会科学形成史の一断面］ホッブズ、カール・シュミット、長谷川如是閑を軸に西欧と日本の政治思想を縦横に研究し、膨大な業績を残してきた著者の、半世紀を超える知的自伝。　三五〇〇円

（消費税別）